숨 쉬는 것들의 노래

풍자개의 『호생화집護生畫集』

지은이

풍자개 豐子愷, Feng Zikai

중국의 작가이자 화가, 만화가, 예술이론가, 예술교육가, 번역가. 1898년 11월 9일 절강성 석문현 옥계진에서 태어났다. 서당에서 공부할 때부터 그림 솜씨가 뛰어나 '어린 화가'로 이름을 날렸다. 절강성 제일사범학교에 입학해 이숙동(李叔同, 홍일법사)・하면존(夏丏尊)의 영향으로 문예의 길을 걷기 시작했다. 1927년 제일사범학교의 스승이었던 홍일법사를 따라 불문에 귀의했다. 법명은 영행(嬰行)이다. 이후 국립예술전문학교 교수와 중국미술협회 상무이사, 상해미술가협회 부주석을 역임했다. 1975년 9월 15일 폐암으로 사망했다.

옮긴이

박동욱 朴東昱, Pak Dong-uk

한양대학교 인문과학대 교수이자 늘 새로운 학술 주제를 발굴하고 연구하는 한문학자이나. 『라쁠륨』을 통해 등단한 현대시 작가이기도 하다. 한문학을 학술적으로 엄밀히 연구하면서도, 그 문학성에 주목해 쉽고 편안한 문체로 풀어내 독자들에게 고전의 재미와 의미를 전하고 있다. 지은 책으로 『하루 한편 우리 한시』, 『처음 만나는 한시, 마흔여섯 가지 즐거움』, 『조선의 좌우명』, 『중년을 위한 명심보감』, 『눈썹을 펴지 못하고 떠난 당신에게』, 『그렇게 아버지가 된다』, 『너보다 예쁜 꽃은 없단다』, 『살아있는 한자 교과서』(공저) 등이 있고, 옮긴 책으로는 『눈 내린 길 함부로 걷지 마라-산운집』, 『승사록, 조선 선비의 중국 강남 표류기』, 『혜환 이용휴 시전집』(공역), 『혜환 이용휴 산문전집』(공역), 『북막일기』(공역) 등이 있다.

풍자개 수필집 03
숨 쉬는 것들의 노래 풍자개의 『호생화집(護生畵集)』

초판발행 2025년 11월 30일

지은이 풍자개
옮긴이 박동욱

펴낸이 박성모
펴낸곳 소명출판
출판등록 제1998-000017호
주소 서울시 서초구 사임당로14길 15 서광빌딩 2층
전화 02-585-7840
팩스 02-585-7848
이메일 somyungbooks@daum.net
홈페이지 www.somyong.co.kr

ISBN 979-11-7549-016-1 03820
정가 16,000원

ⓒ 박동욱, 2025

잘못된 책은 구입처에서 바꾸어드립니다.
이 책은 저작권법의 보호를 받는 저작물이므로 무단전재와 복제를 금하며,
이 책의 전부 또는 일부를 이용하려면 반드시 사전에 소명출판의 동의를 받아야 합니다.

풍자개
수필집
03

숨 쉬는 것들의 노래

풍자개의 『호생화집』

풍자개 지음
박동욱 옮김

Collected Works of Feng Zikai by Feng Zikai
Copyright © DOLPHINBOOKS, 2016
Korean translation edition © Somyung Publishing, 2024
All rights reserved.

이 책의 한국어판 저작권은 풍자개의 유족 양자운(楊子耘)과
직접 계약한 소명출판에 있습니다.
저작권법에 의해 한국 내에서 보호를 받는 저작물이므로
어떠한 형태로든 무단전재와 무단복제를 금합니다.

역자 서문_ 살아있어 위대하다*

1. 붓과 마음의 구도자, 펑츠카이

펑츠카이豊子愷, 1898~1975는 중국의 저명한 화가이자 문학가이다. 불교적 세계관과 예술적 감수성을 융합하여 독창적인 작품 세계를 구축했다. 문학, 미술, 음악 등 다양한 예술 분야에서 활동하였으며, 특히 불교 사상을 반영한 다수의 예술작품을 남겼다.

그는 1898년 중국 저장성浙江省 통상桐鄕에서 태어났다. 어린 시절부터 예술에 높은 관심을 보였다. 후에 상하이 미술학교에서 서양화와 중국화를 함께 공부하였고, 일본 유학을 통해 서구 미술 기법을 접하여 이를 중국화中國畵와 결합했다. 그의 그림에는 서양화, 중국화, 일본 유학 체험이 뒤섞인 독특한 화풍을 발견할 수 있다.

펑츠카이의 사상적 전환은 1927년 홍일법사弘一法師,

---

* 해제 작성에 여러 권의 중국 책과 논문을 참고했으나, 일일이 적시하지 않는다.

역자 서문 3

1880~1942와의 만남을 계기로 이루어졌다. 홍일법사는 원래 명망 높은 예술가이자 법률가였으나, 후에 출가하여 불교에 귀의한 인물이었다. 그의 영향으로 펑츠카이는 불교 사상에 심취하게 되었으며, 이후 그의 예술작품에도 불교적 주제가 적극적으로 반영되기 시작했다. 그는 대승불교의 "일체중생개유불성一切衆生皆有佛性" 사상을 바탕으로, 인간뿐만 아니라 동물과 자연까지도 존중해야 한다는 윤리적 가치를 강조하였다.

2. 『호생화집』 – 생명, 사랑, 자비의 예술

1) 『호생화집』의 탄생 배경

1920년대 펑츠카이는 중국 근대 미술 교육에 힘쓰며, 예술을 통한 사회적 메시지 전달에 주력했다. 앞서 언급한 홍일법사와의 만남 이후 그의 예술 세계는 완전히 달라졌다. 펑츠카이는 홍일법사의 권유로 『호생화집』 제작을 시작했다. 『호생화집』의 시문詩文은 홍일법사, 마이푸馬一浮, 리위안징李圓淨, 샤디앤쥔夏丏尊 등 불교학자 및 문인들이 공동 집필하였으며, 작품마다 짧은 시문詩文과 그에 어울리는 회화가 삽입되어 있다. 1929년 초집初集 출간 이후 총 6집에 걸쳐 완성되었으며, 그의 생애 동안 지속해서 발전했다.

『호생화집』은 불교 사상을 토대로 한 생명 존중 메시지를 전달하는 작품이다. 장면마다 동물, 자연, 인간이 조화롭게 공존하는 모습을 짧은 시문과 함께 담아냈다. 그는 "호생즉호심護生卽護心" — 곧 생명을 보호하는 것이 자신의 마음을 보호하는 것이라는 불교적 사상 — 을 강조하였다.

펑츠카이의 작품은 단순한 예술 창작을 넘어 불교 윤리를 시각화한 사례라고 말할 수 있다. 그의 예술은 오늘날 환경 보호와 동물 복지, 생명 존중 사상과도 연결된다. 특히 『호생화집』은 인간 중심적 세계관을 넘어서 생태적 공존을 강조한다. 그의 작품은 단순한 미술 작품 이상의 철학적·윤리적 메시지를 담고 있다.

2) 작품의 형식과 구성

『호생화집』은 한 면에는 호생護生과 관련된 시문을, 다른 한 면에는 호생과 관련된 그림을 배치했다. 모두 450폭의 호생화와 450편의 시문으로 구성되며, 펑츠카이는 그림뿐 아니라 출판 과정에서도 중요한 역할을 수행했다.

각 판본은 시대와 사회 변화에 따라 메시지에 차이가 있다. 초집과 속집은 불교적 생명 존중 사상을 강조하지만,

이후 판본들은 전쟁과 사회 변동을 반영해 현실적 메시지를 강화한다. 마지막 6집은 『호생화집』의 정수를 집대성하는 작품이다.

초집부터 6집까지 자료 분석 결과, 양적 변화뿐 아니라 내용 특성 변화도 나타난다. 초기에는 짧은 이야기 위주이나, 후기로 갈수록 서사 깊이와 철학적 성찰이 심화된다. 특히 3집 이후부터 등장인물 성격 묘사가 정교해지고 주제의식도 깊어진다.

3) 핵심 사상과 철학적 배경

『호생화집』의 핵심 사상은 네 가지로 요약된다.

첫째, "호생즉호심" 개념으로 생명을 보호하는 것이 곧 마음을 보호하는 것임을 제시한다.

둘째, 불교의 평등·자비 정신을 바탕으로 모든 생명체가 불성을 지닌 존재임을 강조하며, 인간과 동물 간 경계를 허문다.

셋째, 인간 고유의 자비와 측은지심을 통해 일상 속 작은 선행으로 생명 존중 실천을 권장한다.

넷째, 생태 보전과 평화로운 공존의 이상을 제시하며 인간과 자연이 조화롭게 살아가는 세계를 지향한다.

『호생화집』은 불교 경전이나 문헌을 많이 차용했으며, 특히 대승불교 화엄경 사상과 자비 사상을 근간으로 한다. 이러한 철학 배경 덕에 작품은 순수 예술을 넘어 불교 교화서 성격을 지닌다.

『호생화집』 변화는 단순한 이야기 모음집에서 체계적이고 철학적인 문학작품으로 발전하는 과정을 보여준다. 초기에는 도덕적인 교훈이 중심이나, 점차 사회 비판적 성격과 정교한 인물·구조가 두드러진다.

3. 『호생화집』의 주제 의식과 현대적 의의

『호생화집』에 실린 산문과 시가는 다양한 주제를 포괄하며 여러 범주로 분류된다. 『호생화집』은 다음과 같은 여섯 가지 주제적 특징을 지닌다.

첫째, 인간과 동물을 동등한 생명체로 인식하며, 존재의 위계 없이 모두가 존중받아야 할 대상으로 그린다는 점에서 '동물과 인간의 평등한 관계'를 강조한다.

둘째, 자비심은 특별한 상황에서 발휘되는 것이 아니라 누구나 실천할 수 있는 일상적 윤리라는 점에서 '일상 속

자비의 실천'을 강조한다.

셋째, 벌레 한 마리를 살리고, 짓밟힐 위기의 달팽이를 옮겨주는 등 구체적인 장면을 통해 '생명 존중의 구체적 사례들'을 제시하며, 독자들에게 깊은 감동을 준다.

넷째, 불교 대승 사상에 기반하여 모든 중생이 불성을 지니고 있다는 관점에서 '불교적 생태 윤리의 구현'을 추구한다.

다섯째, 동물이나 작은 생명에 감정을 이입하고 그 고통을 자신의 고통처럼 여기는 태도를 통해, 유가의 '측은지심'과도 연결되는 '감정 이입의 미학'을 보여준다.

여섯째, 인간이 자연을 지배하거나 파괴하는 존재가 아니라, 함께 공존하고 조화를 이루어야 한다는 '평화로운 공존의 이상'을 작품 전반에 걸쳐 제시하고 있다.

이처럼 『호생화집』은 단순한 산문집이 아니라 다층적이고 심층적인 가치를 지닌 작품이다. 이 책은 전통 문학 형식을 유지하면서도, 시대적 변화와 요구를 반영한 독창적인 문학작품으로 평가된다. 전통과 근대를 아우르고, 유교적 가치와 새로운 시대의 윤리를 동시에 담아낸 문학적 시도이기도 하다.

요즘 반려동물에 관한 관심이 커졌지만, 인간에 대한

혐오가 동물에 대한 사랑으로 바뀌는 게 아니라, 인간에 대한 사랑이 동물로, 더 나아가 모든 살아 있는 것에 대한 경외로 넓혀지기를 바란다. 모든 살아 있는 것에 경외감을 느낀다면 인간이나 다른 동식물에 대해서 함부로 할 수는 없을 것이다.

이 책은 이미 5년 전에 번역을 마쳤으나, 여러 출판사에서 저작권 문제를 해결하지 못해서 출간을 포기하고 있었다. 소명출판 박성모 사장님과 홍승직 교수님의 도움이 없었다면 출간되기 쉽지 않았을 것이다. 두 분께 진심으로 감사드린다.

내 아들 유안이가 중학교 2학년이 되었다. 유안이가 이 책의 그림과 글을 보고 세상에 대한 따뜻한 마음과 살아 있는 것에 대한 경외를 갖길 바라며, 아들에게 들려주는 심정으로 한 편 한 편 번역했다. 쉰을 넘기고 예순을 앞둔 지금 나를 위로해주는 글귀를 적으며 글을 마친다.

"제자들이여 힘써 공부하라, 하늘이 잊지 않으리라.[弟子勉學 天不忘也]"

2025년 8월 4일 역자가 쓰다

차례

만일 내가 게라면	15	방생지의 주인	95
의족 날개를 단 잠자리	17	황새의 호소	97
원한의 고리를 끊다	21	은인을 찾아서	101
바늘에 꽂힌 나비의 고통	25	코끼리의 보답	105
꿀벌의 고로	29	제비들의 공조	107
동요하지 않는 마음	33	의로운 원숭이	109
달팽이의 무거운 집	35	주인을 따라 죽은 사슴	111
우렁이의 연약한 생명	37	자애로운 스승	113
개미의 우정		황제의 은혜를 잊지 않은 앵무새	115
(확대경 안에서 본 것이다)	39	감옥 체험	119
무수한 생명의 죽음	43	밤중의 양고기	121
살생의 모순	47	범인을 검거한 개	125
단순한 삶의 즐거움	51	흰 꿩의 순절	127
채식의 정성	53	흰 나귀의 순절	129
분재의 슬픔	55	용맹하고 지혜로운 개	131
감탕나무 다듬기	57	자식을 위한 복수	135
매화의 생명력	61	은혜 갚은 개	139
나무 틈의 풀	63	짝을 찾아온 기러기	143
못가에서의 참회	67	물에 빠진 사람을 구해낸 소	147
생명을 아끼는 마음	69	황새의 절개	151
상생의 꿈	71	원앙의 사랑	153
새끼 참새를 놓아주며	73	짝을 따라 죽은 기러기	155
주인을 찾아온 충직한 학	77	칼을 숨긴 송아지	157
사슴의 모성애	81	까치 모자의 정	159
거위 부부의 의리	85	목숨을 구한 개	161
인자한 마음	89	화재 소식을 알린 개	163
양육의 은혜	93	자비로운 까치	165

닭의 보은	167	기러기 부부의 마지막	241
나방을 구한 벌	169	메추라기의 경고	243
의로운 거위	171	물총새 깃털의 경고	247
도둑을 잡은 말	173	자비로운 마음	249
생사를 함께한 기러기 부부	175	개구리와 같은 최후	251
고아를 맡은 고양이	177	재혼을 거부한 비둘기	255
충직한 개의 죽음	179	짝을 따라 죽은 제비	257
물에 빠진 주인을 구한 말	181	핏덩이 속의 영혼	259
충견의 최후	183	효성스러운 강아지들	261
어미의 목숨을 구한 양	185	정절을 지킨 황새	263
주인을 구한 개	187	황새 부부의 사랑	265
호랑이를 물리친 소	189	잔혹한 요리법	267
닭이 기른 공작새	191	기적적인 탈출	271
억울한 황새	193	새들이 찾아온 서재	275
충직한 개의 귀환	197	무고한 생명을 보호하다	277
주인을 구한 개	201	상서로운 짐승들의 경고	279
주인의 원수를 갚은 개	205	고요한 관찰	281
새들의 연합	209	밤나루의 갈매기	283
호랑이를 막아낸 소	213	봄의 선율	285
주인을 위해 쌀을 날랐던 개	217	생명의 이치	287
말의 의로운 호소	221	부채를 거두며	289
기러기의 정절	225	강가의 자비	291
울다 죽은 새	227	꾀꼬리의 작별 인사	293
어미의 가죽	229	저녁 풍경	295
인종의 인자한 마음	233	찾아온 나그네	297
자식을 구하려다 죽은 새	237	창주를 그리며	299
갑작스런 재난	239	바람의 도움	301

봄의 전령	303	제비의 자식 사랑	331
사람을 피해 날아간 새	305	평화로운 낮잠	335
한가로운 시골	307	자유로운 경지	337
비 온 뒤 못가 풍경	309	평화의 노래	339
빈집	311	자연스런 귀로	341
봄날의 낮잠	313	귀로의 피리소리	343
풍랑에 갈라진 원앙	315	노을 속의 귀향	345
향기를 좇는 벌	317	비 갠 후	347
봄 누에를 구하다	319	봄 들판의 푸른 꿈	349
늙은 어미를 먹이다	321	봄 연못의 지혜	351
그림자는 누구를 향해가리오	323	천년의 그늘	353
바구니 속 생명들	327		

世间水陆占灵空
总属皇天怅抱中
试令设身游釜甑
方知弱骨受篙忡
唐 白居易 戒杀诗

倘使我是解去

만일 내가 게라면[倘使我是蟹]

세상의 물과 육지와 공중은

모두가 하느님 품 속에 있으니

처지 바꿔 솥과 시루에 들어간다면,

그제야 약한 생명 두려움 알게 되리.

(당唐나라 백거이白居易의 「살생을 경계하다[戒殺]」)

世間水陸與靈空, 總屬皇天懷抱中,

試今設身遊釜甑, 方知弱骨受驚忡.

(唐 白居易, 「戒殺」詩)

日暮秋風清　一葉蕉我襟　細看不是葉
赫然一蜻蜓　左翼已破碎　右翼尚完好
定是遠裝孽　頭手向地仆　隆隆喜我憐
不救豈思心　畜之在庭園　恐被鳥雀吞
表之在房桃　又恐螻蟻侵　沈吟想多時
妙計忽此生　我有玻璃紙　堅韌而透明
裁菊兩瓣黏　假翅東裝填　我口鑲義齒
蝴蝶吸萊根　汕身裝義翅　東必能飛行
靜待膠計乾　敷之在中座　頂夷蜻蜓飛
悠然入青雲

緣：童主詩

將裝義翅的蜻蜓

의족 날개를 단 잠자리 [將裝義翅的蜻蜓]

해 저물자 가을 바람 맑기만 한데
잎새 하나 옷깃에 떨어지었네.
자세히 바라보니 잎새 아니라,
뜻밖에도 한 마리 잠자리였네.
왼쪽 날개 이미 벌써 부서졌으나
오른쪽 날개는 여전히 온전하였네.
필시 적의 습격을 당하게 되어,
사고로 땅을 향해 떨어진 것이리.
내 품안에 떨어진 이 잠자리를,
구하지 않고서 어찌 차마 보리오?
잠자리 길러 정원에 있게 하자니
새들이 삼킬까 봐 두려웁구나.
잠자리 길러 창문에 있게 하자니,
또 개미가 침범할까 두려웁구나.
끙끙대며 많은 생각 궁리하다가
묘책이 갑작스레 떠올랐도다.
나에게는 셀로판지 갖고 있으니,
단단하게 얇으면서 투명하다네.

재단해서 아교로 붙이게 되면
가짜 날개이지만 진짜 같으리.
내 입에다 의치를 끼워 넣어서
꽤나 능히 채소뿌리 씹을 만하니,
네 몸에 인공 날개 달아준다면,
또한 꼭 날아갈 수 있을 것이네.
조용히 아교 마르길 기다렸다가
뜰 안에다 잠자리 놓아 두었네.
잠시 후에 잠자리 날아 가서는
느긋히 구름 속에 들어갔다네.

(연연당주緣緣堂主의 시)

日暮秋風清, 一葉落我襟,
細看不是葉, 赫然一蜻蜓.
左翼已破碎, 右翼尚完存,
定是遭襲擊, 失事向地崩.
墜落在我懷, 不救豈忍心?
畜之在庭園, 恐被鳥雀吞,
養之在房櫳, 又恐螻蟻侵.
沉吟想多時, 妙計忽然生,

我有玻璃紙，堅薄而透明，
裁剪而膠黏，假翅亦猶真.
我口鑲義齒，頗能咬茱根，
汝身裝義翅，亦必能飛行.
靜待膠汁乾，放之在中庭，
須臾蜻蜓飛，悠然入青雲.
（緣緣堂主詩）

獨立無言解蛛網 放他蝴蝶一雙飛

我欲護生物 生物相殘殺
簷角有蜘蛛 設網噉蝴蝶
蝴蝶欲解救 蜘蛛不處罰
非為有偏心 即此足仁術
以怨報怨者 相報何時歇
怨恨如連鎖 宜解不宜結

緣緣堂主作

원한의 고리를 끊다 [獨立無言解蛛網, 放他蝴蝶一雙飛]

나는 산 것들 보호하려 하는데,
산 것들은 잔인하게 서로 해치네.
처마 모서리에는 거미 있으니
그물 쳐서 나비를 씹어 먹었네.
호랑나비 마땅히 구해 주더라도,
거미는 처벌하지 않을 것이네.
편파적 마음에서 그런 것 아니니
이것이 바로 인仁의 방법이라네.
원한을 원한으로 갚는 사람은,
보복함이 어느 때에 그치겠는가.
원한은 쭉 이어진 사슬과 같아
마땅히 풀어야지 맺어서는 안되네.
(연연당주 緣緣堂主가 짓다.)

我欲護生物, 生物相殘殺,
簷角有蜘蛛, 設網吹蝴蝶.
蝴蝶應解救, 蜘蟲不處罰,
非爲有偏心, 即此是仁術.

獨立無言解蛛網
放他蝴蝶一雙飛

我欲護生物　生物相殘殺
鷸角有蜘蛛　設網啖蝴蝶
蝴蝶庶解救　蜘蛛不處罰
非為有偏心　即此是仁術
以怨報怨者　相報何時歇
怨恨如連鎖　宜解不宜結

緣緣堂主作

以怨報怨者, 相報何時歇?

怨恨如連鎖, 宜解不宜結.

(緣緣堂主作)

動物標本中　蝴蝶美且倫
形狀何裊娜　顏色何繽紛
誰知製造時　個個受極刑
兩針釘胸膛　不死又不生
逾三日後　支節猶競競
我游博物館　歸來一夢縈
夢見諸蝴蝶　盡變女孩嬰
嗁哭呼父母　其聲不忍聞

　　緣緣堂主詩

製標本聯想

TK

바늘에 꽂힌 나비의 고통 [制標本聯想]

동물의 표본 중에는

호랑나비 아름다워 비할 데 없네.

모습은 어찌 그리 간들어지고,

빛깔은 어찌 그리 화려하던가

누가 알았으랴. 표본을 만들 때에

하나하나 극형을 받게 될 줄을.

바늘 두개로 가슴과 배를 박으면

죽지도 살지도 않은 상태네.

더디고 더디게 사흘 지나도,

다리는 여전히 떨고 있다네.

나는 박물관에 놀러 갔다가

돌아와 꿈속에서 놀라게 되네.

꿈에서 호랑나비를 보게 됐는데,

여자 아이로 싹 다 변해있어서

통곡하며 부모를 불러댔으니,

그 소리를 차마 들을 수 없네.

(연연당주緣緣堂主의 시)

動物標本中　蝴蝶義當倫
領袖何繽紛　形狀何裏挪
兩針釘胸腹　誰知製造時
芝節猶競：　何受極刑
夢見諸蝴蝶　不死又不生
其聲不忍聞　遲遲三日後
　　緣堂主詩　我游博物館
　　　　　　　歸來一夢焉
　　　　　　　盡變女孩嬰
　　　　　　　端哭呼父母

製標本聯想

動物標本中, 蝴蝶美無倫,

形狀何裊娜, 顏色何繽紛.

誰知制造時, 個個受極刑,

兩針釘胸腹, 不死又不生,

遲遲三日後, 足節猶兢兢

我遊博物館, 歸來一夢驚,

夢見諸蝴蝶, 盡變女孩嬰,

號哭呼父母, 其聲不忍聞.

(緣緣堂主詩)

采得百花成蜜後
不知辛苦为誰甜

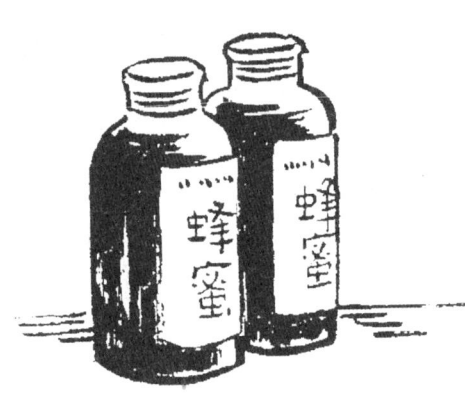

畫長人寂：蜜蜂入我室　飛上小明窗
欲向窗中出　窗上有玻瓈
鷹翅向前衝　腦傷身隕越
眼是窗外花　蜜蜂苦不識
其中多香馦　可憐鑽螢久
愚哉小蒼蜂　此路不可通
請去此門中　蜜蜂不解語
幸有春風來　引導出房攏
　　　　封蜜都碰壁
　　　　汝欲遊庭院
　　　　盍自向前衝
　　緣緣堂主詩

꿀벌의 고투 [采得百花成蜜後, 不知辛苦爲誰甜]

낮 길어서 인적은 적적만 한데
꿀벌이 내 방으로 들어왔었네.
조그마한 밝은 창에 날아올라서
이곳을 통하여서 나가려 하네.
창 위에는 유리가 끼워 있는데
꿀벌은 괴롭게도 알지 못하고.
날개 떨쳐 앞으로 충돌을 하니,
머리 다치고 몸이 떨어져갔네.
눈으로는 창밖의 꽃을 보는데,
꽃 안에는 향기론 꿀이 많았네.
가련하구나. 오래 애를 썼으나,
닿는 곳마다 벽에 부딪치었네.
어리석도다! 작은 꿀벌이여
이 길로는 나갈 수 없을 것이니
네가 뜨락에서 놀고 싶거든
이 문으로 나가길 청하여보렴.
꿀벌은 말을 알아 듣지 못하니,
오로지 앞만 향해 부딪치는데,

采得百花成蜜后
不知辛苦为谁甜

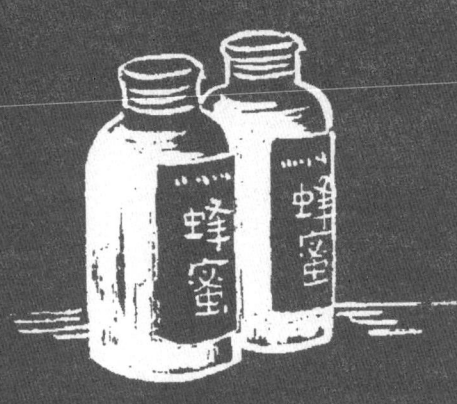

画长人静 蜜蜂入我室 飞入小明远
欲向窗中出 窗上有玻璃 蜜蜂苦不识
匆匆向前冲 脑伤身随跌 眼见窗外花
其中多香蕊 可怜镇营久 到处都碰壁
愚哉小蜜蜂 此路不可通 汝欲游庭院
请走此门中 蜜蜂不解语 引导出房栊
幸有春风来 管自向前冲

缘一堂主诗

다행히도 봄바람 불어온다면

길 인도해 창문에서 벗어나리라.

(연연당주緣緣堂主의 시)

晝長人寂寂, 蜜蜂入我室,

飛上小明窓, 欲向此中出.

窓上有玻璃, 蜜蜂苦未識,

奮翅向前衝, 腦傷身隕越.

眼見窓外花, 其中多香蜜,

可憐鑽營久, 到處都碰壁.

愚哉小蜜蜂, 此路不可通,

汝欲遊庭院, 請走此門中.

蜜蜂不解語, 管自向前衝,

幸有春風來, 引導出房櫳.

(緣緣堂主詩)

先君子嘗與客飲于易水上而群蜂近人凡撲而却之者皆受螫而先君子獨不動而蜂亦不迫蓋安靜慈祥之氣与物无競而物亦莫之櫻也

元劉因卽佩記

蜜蜂
頗報春消息

동요하지 않는 마음 [黃蜂頻報春消息]

돌아가신 아버지께서 일찍이 손님과 함께 역수에서 술을 마셨다. 그런데 벌들이 사람들에게 다가왔다. 벌을 쳐서 쫓으려 한 사람들은 모두 쏘였다 그러나 돌아가신 아버지만은 꼼짝 않자 벌들도 접근하지 않았다. 대개 고요하고 자애로운 기운은 남들과 다투지 않으니 동물도 또한 범접하지 않는 것이다.

(원元나라 유인劉因의 「쥐를 길들인 기록[馴鼠記]」에 실려 있다.)

先君子嘗與客飮於易水上, 而群蜂近人, 凡撲而却之者皆受螫, 而先君子獨不動, 而蜂亦不迫焉. 蓋安靜慈祥之氣, 與物無競, 而物亦莫之攖也. (元 劉因 「馴鼠記」)

却羨蝸牛自有家

閒看蝸牛走
親爲築坦塗
此君家累重
莫教步崎嶇

緣緣堂主詩

달팽이의 무거운 집 [却羨蝸牛自有家]

달팽이 기는 모습 한가히 보다
내가 직접 평탄한 길 만들어주네.
달팽이 무거운 집 짊어졌으니
험한 길 걷지 않게 해주려하네.
(연연당주緣緣堂主의 시)

閑看蝸牛走, 親爲築坦塗,
此君家累重, 莫教步崎嶇
(緣緣堂主詩)

螺蛳背着房子出游

肉缩等蜗角
涎腥遏蠣房
憐渠一破殼
也有九回腸

清 朱彝尊 黃螺詩

우렁이의 연약한 생명 [螺螄背着房子出遊]

살은 오그라들어 달팽이 뿔과 같고

침은 굴보다 더 비린내 풍기네.

가엾구나 한번 껍질 깨뜨린다면,

그 안에도 아홉 번 꼬인 창자가 있네.

(청清나라 주이존朱彝尊의 「우렁이[黃螺]」)

肉縮等蝸角, 涎腥過蠣房,

憐渠一破殼, 也有九回腸.

(清 朱彝尊, 「黃螺」詩)

螞蟻救護 放大鏡下所見

階下有小蟲　蠕蠕形細長　似蠅不是蠅　似蚖益非蛇
就近仔細看　兩蟻相扶將　頗像互隱痠　徐步一週翔
速取放大鏡　我欲窺其詳　原來兩蟻中　一蟻已受傷
後腳被切斷　腹破將見腸　一蟻銜其手　行步甚踉蹡
不聞呻吟聲　惟見色蒼皇　我欲施救助　束手苦無方
目送兩蟻行　直到進泥牆　事過已三日　我心猶未忘
不知負傷者　是否已起牀

愛三堂主詩

개미의 우정(확대경 안에서 본 것이다)[螞蟻救護(放大鏡中所見)]

뜰 아래 작은 벌레 꿈틀거리니

가늘고도 긴 모양 눈길을 끄네,

파리 같지만 파리는 아니었으며,

등에 같지만 결코 등에도 아니었네.

가까이 다가가서 세심히 보니

두 마리 개미 서로 부축을 하네.

마치 사교춤을 추는 듯 보이며,

몇 걸음 걷다 한번씩 날듯하였네.

서둘러 확대경을 가져와서는

자세히 들여다본 그 모습이

원래 두 마리 개미 가운데에서

한 마리는 이미 상처 입었네.

뒷다리는 잘려 나가 버렸고

배는 터져 창자가 비칠 듯했네.

다른 개미 그 앞발을 물고서

걸음걸이가 매우 비틀댔으나,

신음하는 소리는 들리지 않고,

당황한 기색만이 역력해 보였네.

내가 도움 주려고 해보았지만

속수무책 괴로이 방법 몰랐네.

그들의 가는 길을 멀리서 보니

진흙 담장으로다 곧장 들어가네.

일이 있은 지 벌써 사흘 됐어도

내 마음속엔 여전히 남아있네.

알 수가 없네. 상처 입은 개미가

벌써 병상에서 일어났는지를.

(연연당주緣緣堂主의 시)

階下有小蟲, 蠕蠕形細長,

似蠅不是蠅, 似虻並非虻.

就近仔細看, 兩蟻相扶將,

頗像交際舞, 幾步一回翔.

速取放大鏡, 我欲窺其詳,

原來兩蟻中, 一蟻已受傷,

後脚被切斷, 腹破將見腸.

一蟻銜其手, 行步甚踉蹌,

不聞呻吟聲, 惟見色倉皇.

我欲施救助, 束手苦無方,

目送兩蟻行,直到進泥墻.

事過已三日,我心猶未忘,

不知負傷者,是否已起床?

(緣緣堂主詩)

屍豬奶米

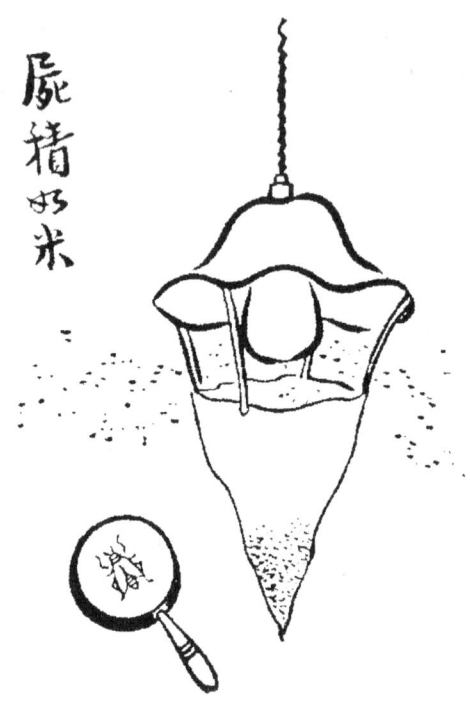

西湖七月夜　飛蟲擁明燈　青青千萬匹
濛濛如細塵　紛紛陷几案　點點如繁星
放大鏡中看　一見使人驚　百體俱完備
形似小蜻蜓　每夜燈下死　為數億北京
皇天不憚煩　濫造小生靈　巨細雖殊珠
要命六禍人

緣督室主詩

무수한 생명의 죽음 [屍積如米]

서호의 칠월 달 한 밤 중에

날벌레 밝은 등불 둘러 쌓였네.

푸르고 푸른 벌레 천 만 마리인데

안개처럼 아득한 티끌 같았네.

어지럽게 긴 책상에 떨어져서는

무수한 별처럼 점점이 빛났네.

확대경으로 들여다 보니

한번 보기에 사람을 놀라게 했네.

온몸이 완전하게 갖춰져 있고

모습은 조그마한 잠자리 같네.

밤마다 등불 아래 죽어갔으니

헤아릴 수 없이 그 수 많았네.

하늘은 번거로움 마다 않고서

작은 생명 마구 만들어 내건만

크고 작은 것 비록 아주 다르나

목숨 받은 건 또한 사람과 같네.

(연연당주緣緣堂主의 시)

屍猪好米

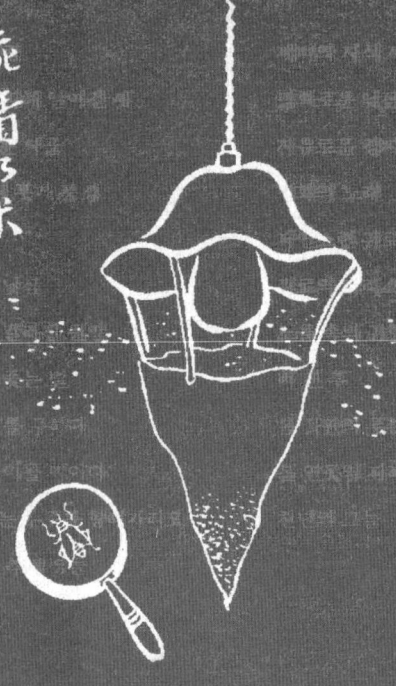

西湖七月夜　飛蟲擁明燈　青:千萬匹
濛:如細塵　紛:陸凡紫　點:如繁星
放大鏡中看　一見使人驚　百體俱完備
形似蜻蜓　每夜燈下死　為數億北京
皇天不憚煩　滥造小生靈　巨細難懸珠
受命点糟人

緣:室主詩

西湖七月夜,飛蟲擁明燈,

青青千萬匹,濛濛如細塵,

紛紛墮幾案,點點如繁星.

放大鏡中看,一見使人驚,

百體具完備,形似小蜻蜓,

每夜燈下死,爲數億兆京.

皇天不憚煩,濫造小生靈,

巨細雖懸殊,受命亦猶人.

(緣緣堂主詩)

昔有二勇者　挺刀相与啗
日予我肉也　美更求肉乎
互割还互啗　彼尽我尔枯
食他肉自食　举世欺其愚
还活血食人　有以异此无

明　陶望龄　放生诗

互割互啗面

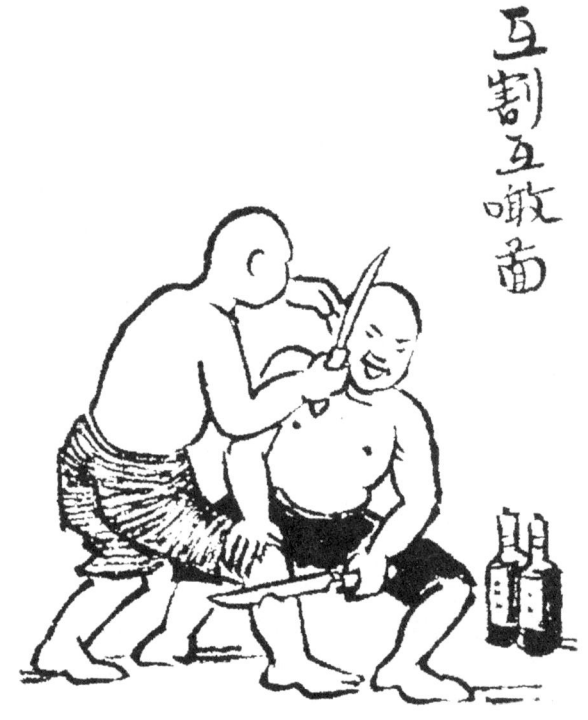

살생의 모순 [互割互噉圖]

옛날에 용맹한 이 두 명 있어서
칼을 잡고서 서로 약속을 했네.
"우리 둘 다 다 같은 살덩이이니,
어찌 다른 살덩이를 구하겠는가?
서로 베어 서로가 먹어갔으니
저쪽 다 떨어질 때 나도 다하리
남 먹는 것 자신 먹는 것 같으니
온 세상 그 어리석음 탄식을 하네.
도리어 고기먹는 사람에게 묻노니,
그대들은 이들과 무엇이 다른가?"
(명明나라 도망령陶望齡의 「방생放生」)

昔有二勇者, 操刀相與酤,
曰子我肉也, 奚更求肉乎?
互割還互噉, 彼盡我亦枯.
食彼同自食, 擧世歎其愚,
還語血食* 人, 有以異此無?
(明 陶望齡 「放生」詩)

昔有二勇者　拔刀相与酤
日子我肉也　美更求肉乎
互割还互噉　彼盡我尔枯
食彼肉自食　舉世歎其愚
還讒血食人　有以異此乎

明　陶望齡　放生詩

互割互噉圖

* 혈식(血食) : 피 묻은 산짐승을 잡아 제사(祭祀)를 지낸데서, 나라의 의식(儀式)으로 제사(祭祀)를 지냄을 이르는 말.

口腹貪饕豈有窮
咽喉一過總成空
何必惜福蜀餘地
吾乃清虛墨樂中

宋 蘇軾戒殺詩

咬得菜根
百事成

단순한 삶의 즐거움 [咬得菜根百事成]

입과 배의 탐욕은 어찌 끝이 있으랴.

목구멍 지나가면 모조리 사라지네.

어찌하여 복을 아껴 여유를 남기고

깨끗한 마음 길러서 내면의 즐거움 찾지 않으리.

(송宋나라 소식蘇軾의 「살생을 경계하는 시[戒殺]」)

口腹貪饕豈有窮, 咽喉一過總成空,

何如惜福留餘地, 養得淸虛樂在中.

(宋 蘇軾 「戒殺」詩)

親摘園中蔬
敬奉君子宴

買蔬須買鮮　用水須用泉
切筍須切嫩　選葦須選圓
豆腐宜久煮　蘿蔔宜如甜
生油重重用　炭火慢慢扛
不須殺生命　味羨勝瓊瑤

緣緣堂主詩

채식의 정성 [親摘園中蔬, 敬奉君子宴]

나물은 신선한 것 골라서 사고,
물은 맑은 샘물을 써야 한다네.
죽순은 연한 것을 잘라야 하고,
버섯은 둥근 것을 골라야 하네.
두부는 오래 끓여야 맛이 좋고,
무는 달게 조려야 제맛이 나네.
생기름은 넉넉히 둘러야 하고
숯불은 느릿느릿 태워야 하네.
살아 있는 생명을 해치지 않고도
맛은 어느 화려한 잔치보다 낫네.
(연연당주緣緣堂主의 시)

買蔬須買鮮, 用水須用泉,
切笋須切嫩, 選蕈須選圓,
豆腐宜久煮, 蘿葡宜加甛,
生油重重用, 炭火慢慢燃,
不須殺生命, 味美勝瓊筵.
(緣緣堂主詩)

小松植廣原　意思欲參天
移來小盆中　此志永棄捐
矯揉又造作　屈曲復摧殘
此形甚魂惡　畫成不忍看
　　　緣緣堂主詩

盆栽聯想

분재의 슬픔 [盆栽聯想]

작은 소나무는 넓은 들판에 심어,

하늘에 닿을 뜻을 품고 있었건만,

조그마한 화분에다 옮겨 심으니,

이러한 뜻 영원히 사라지었네.

손질해 다듬어서 억지로 만드니

꺾이고 구부려서 상처뿐이네.

이 모습이 너무나 보기 흉하여

그림이 완성되도 차마 볼 수 없겠네.

(연연당주 緣緣堂主의 시)

小松植廣原, 意思欲參天,

移來小盆中, 此志永棄捐.

矯揉又造作, 屈曲復摧殘.

此形甚醜惡, 畫成不忍看.

(緣緣堂主詩)

一排冬青樹，參差劇可憐。
低者才及胸，高者過人肩。
月夜微風吹，倩影何翩翩。
怪我園中叟，持剪來裁損。
玲瓏自然姿，變作矮牆頭。
枝折葉破碎，白血慘淒流。

——緣緣堂主詩

剪冬青聯想

감탕나무 다듬기 [剪冬青聯想]

한 줄로다 서 있는 감탕나무는,
들쭉날쭉하여 매우 사랑스럽구나.
낮은 것은 겨우 그저 가슴께 오고
높은 것은 어깨를 훌쩍 넘었네.
달밤에 살랑바람 불어오면은
고운 그림자 얼마나 우아하던가
이상하구나! 정원의 늙은이가
가위 들고 와서 마구 다듬더니만
영롱했던 자연스런 모습들이
담장처럼 조악하게 변해버렸네.
부러진 가지와 찢어진 잎새마다
하얀 수액 곳곳마다 흘러내리네.
(연연당주 緣緣堂主의 시)

一排冬青樹, 參差劇可憐,
低者才及胸, 高者過人肩,
月夜微風吹, 倩影何翩翩.
怪哉園中叟, 持剪來裁修,

一排冬青樹　参差剧可憐
低青才及胸　高者過人肩
月夜微風吹　倩影何翩翩
怪我園中叟　持剪来裁偏
玲瓏自然姿　变作矮墙頭
横斜葉破碎　白血慘々流

録堂上诗

剪冬青聯想

玲瓏自然姿,變作矮墙頭,

枝折葉破碎,白血處處流.

(緣緣堂主詩)

籬角梅初發
一枝輕折來
可憐心未死
猶向膽瓶開
　　　佚名

看的你有慾

매화의 생명력 [春的占有欲]

울타리 구석에 매화 막 폈기에,

가지 하나를 쉽게 꺾어 왔었네.

가련타. 꽃의 마음 죽지 않아서

여전히 꽃병에서 피어 있었네.

(작자 미상)

籬角梅初發, 一枝輕折來,

可憐心未死, 猶向膽瓶開.

(佚名)

誰將大木條　誰道在妻郊
青草被堆壓　生機將全消
豈知天地心　無處不好生
一夜春雨後　木隙草頭伸
草頭日夜挺　枝葉何蒼翠
繪圖與君看　君當發深省

緣緣堂主詩

雨後

나무 틈의 풀 [雨後]

누가 큰 나뭇가지 가져다가는

봄날의 들판에다 쌓아 두었나.

푸른 풀은 나무에 눌리게 되어,

생기가 거의 다 사라져 버렸네.

어찌 알리오. 하늘과 땅의 마음은

생명을 좋아하지 않는 곳이 없음을

하룻밤에 봄비가 내린 뒤에는

나무 틈에 풀 끝이 고개 내미네.

풀 끝은 밤낮으로 꼿꼿이 서고,

가지와 잎 어찌 그리 가지런한가.

그대와 함께 그림 보게 된다면

그댄 마땅히 깊은 반성 하게 되리.

(연연당주緣緣堂主의 시)

誰將大木條, 堆置在春郊?

青草被堆壓, 生機將全消.

豈知天地心, 無處不好生,

一夜春雨後, 木隙草頭伸.

誰將大木條　誰置在畫郊
青草誠誰壓　生機將全消
豈知天地心　無處不好生
一夜春雨後　木隙草頭伸
草頭日夜挺　枝葉何為楚
繪圖與君看　君當發深省

緣緣堂主詩

雨後

草頭日夜挺, 枝葉何齊整,

繪圖與君看, 君當發深省.

(緣緣堂主詩)

同生今世惜前緣
同盡滄桑一夢間
往事不堪回首問
放生池畔憶前愆

元 趙孟頫 放生詞

放生池畔憶前愆

못가에서의 참회 [放生池畔憶前愆]

이생에서 함께함도 전생의 인연이건만,

함께 누린 세월도 한바탕 꿈이었네.

지난 날을 돌이켜서 차마 묻지 못하노니,

못가에 방생하며 지난 허물 떠올리네.

(원元나라 조맹부趙孟頫의 「방생放生」)

同生今世亦前緣, 同盡滄桑一夢間,

往事不堪回首問, 放生池畔憶前愆.

(元 趙孟頫「放生」詞)

好生之德本乎天
物~貪生樂自全
我要長年千歲祝
不教物命一朝延

唐 白居易詩

七月一社
鄉濱水
禽魚草木皆長生

생명을 아끼는 마음 [大丹一粒擲溪水, 禽魚草木皆長生]

생명 아끼는 덕 하늘서 나왔으니

만물이 살길 갈망하여 제 삶을 지켜나가네.

나는 만물이 오래 살아 천년 가길 바라지만,

그 생명 단 하루도 늘려주진 못하노라.

(당唐나라의 백거이白居易「금어십이장禽魚十二章」중에 한 편이다.)

好生之德本乎天, 物物貪生樂自全,

我要長年千歲祝, 不敎物命一朝延.

(唐 白居易詩「禽魚十二章」之一)

猪喫死人肉　人喫死猪腸
猪不嫌人臭　人反道猪香
猪死抛水内　人死掘地藏
彼此莫相噉　蓮花生沸湯

寒山子偈

蓮花生沸湯

상생의 꿈 [蓮花生沸湯]

돼지는 죽은 사람의 살을 먹었고
사람은 죽은 돼지의 창자를 먹네.
돼지는 사람 냄새 안 싫어하지만,
사람은 도리어 돼지가 구수하다네.
돼지는 죽게 되면 물 속에 던져버리고
사람이 죽게 되면 땅 파서 묻어주네.
사람과 돼지 서로 먹지 않는다면
연꽃이 끓는 물에서 피어나리라.

(한산자의 계송)

猪喫死人肉, 人喫死猪腸,
猪不嫌人臭, 人反道猪香
猪死拋水內, 人死掘地藏,
彼此莫相噉, 蓮花生沸湯.

(寒山子偈)

鷇弱故反之

景公探雀鷇，鷇弱故反之。晏子聞之，不待請而入見。景公汗出惕然。晏子曰：君胡為者也？景公曰：我探雀鷇，鷇弱故反之。晏子逡巡北面再拜而賀之：吾君有聖王之道矣。景公曰：寡人入探雀鷇，鷇弱故反之，其當聖王之道者何也？晏子對曰：君探雀鷇，鷇弱故反之，是長幼也。吾君仁愛禽獸之加，焉而況于人乎，此聖王之道也。

說苑

새끼 참새를 놓아주며 [穀弱故反之]

경공이 새끼 참새를 잡았다가 약한 것을 보고 도로 놓아 주었다. 안자가 그 말을 듣고 기다리지 않고 바로 들어가 뵙기를 청하였다. 경공은 땀을 흘리며 두려워하는 모습이었다. 안자가 말하였다.

"임금께서는 무슨 일이십니까?"

경공이 말하였다.

"참새 새끼를 잡았는데 약해서 도로 놓아 주었소."

안자가 잠시 머뭇대다 북쪽을 향해 두 번 절하고 축하하며 말했다.

"우리 임금께서는 성왕의 도를 갖추셨습니다!"

경공이 말했다.

"내가 참새 새끼를 잡았다가 약해서 놓아 주었는데, 이것이 어찌 성왕의 도에 해당한다는 것이오?"

안자가 대답하였다.

"임금께서 참새 새끼를 잡았다가 약해서 도로 놓아 주신 것은 어린 것을 가엾게 여기는 마음입니다. 우리 임금의 인애仁愛가 금수에게까지 미치니, 하물며 사람에게야 말할 것이 있겠습니까? 이것이 바로 성왕의 도인 것입니다."

鷇弱故反之

景公探雀鷇,鷇弱故反之,晏子聞之,不待請而入見景公,汗出惕然,晏子曰:君胡為者也?景公曰:我探雀鷇,鷇弱故反之,晏子逡巡北面再拜而賀曰:吾君有聖王之道矣,景公曰:寡人入探雀鷇,鷇弱故反之,其當聖王之道者何也?晏子對曰:君探雀鷇,鷇弱故反之,是長幼也,吾君仁愛禽獸之加焉,而況于人乎,此聖王之道也。說苑

(『설원說苑』에 실려 있다.)

    景公探雀鷇, 鷇弱故反之. 晏子聞之, 不待, 請而入見. 景公汗出惕然. 晏子曰: "君胡爲者也?" 景公曰: "我探雀鷇, 鷇弱故反之." 晏子逡巡北面再拜而賀之: "吾君有聖王之道矣!" 景公曰: "寡人入探雀鷇, 鷇弱故反之, 其當聖王之道者, 何也?" 晏子對曰: "君探雀鷇, 鷇弱故反之, 是長幼也. 吾君仁愛, 禽獸之加焉, 而況于人乎? 此聖王之道也." (『說苑』)

陳州倅盧某畜二鶴甚馴一剬死一哀鳴不食盧勉飼之乃就食一旦鳴繞盧側盧曰爾欲去不爾覊也鶴振翮雲際數四徊翔乃去盧老病無子後三年歸卧黃蒲溪上晚秋蕭索曳杖林間忽有一鶴盤空鳴聲凄斷盧仰祝曰若非我陳州侶耶果爾即當下鶴竟投入懷中以喙牽衣旋舞不釋遂引之歸謐盧歿鶴亦不食死家人瘞之墓左

虞初新志

舊雨重逢

주인을 찾아온 충직한 학 [舊雨重逢]

진주陳州의 원님 노盧 아무개가 두 마리의 학을 길렀는데 매우 길이 잘 들었다. 한 마리가 다쳐서 죽자, 다른 한 마리는 슬피 우며 먹지 않았다. 노씨가 학에게 먹이를 정성껏 주니, 이에 먹기 시작하였다. 어느 날 아침 학이 노씨의 곁을 빙빙 돌며 울었다. 노씨가 말하였다.

"네가 떠나려 한다면, 너를 묶어두지 않겠다."

학이 구름 속으로 날개를 펼치며 서너 번 빙빙 돌다가 떠나갔다.

노씨는 늙고 병들었는데 자식이 없었다. 삼 년 후, 황포黃蒲 시내로 돌아와 머물렀다. 늦가을의 쓸쓸한 분위기 속에서 숲 사이를 지팡이를 짚고 거닐었다. 갑자기 한 마리 학이 공중에서 빙빙 돌았는데 우는 소리가 처절하였다. 노씨가 우러러보며 축원하였다.

"너는 내 진주의 짝이 아니더냐? 만약 그렇다면 마땅히 내려오거라."

학이 마침내 몸을 던져 노씨의 품 안으로 들어와 부리로 옷을 끌며 빙빙 돌면서 춤을 추고 놓지 않았다. 드디어 노씨는 학을 이끌고 돌아왔다.

陳州倅盧某畜二鶴甚馴一創死一哀鳴不食盧勉飼之乃就食一旦鳴繞盧側盧曰尔欲去不爾羅也鶴振翮雲際數四徊翔乃去盧老病無子後三年歸臥黃蒲溪上晚秋蕭索曳杖林間忽有一鶴盤空鳴聲淒斷盧仰祝曰若非我陳州侶耶果尔即當下鶴竟投入懷中以喙牽衣旋舞不釋遂引之歸遂盧歿鶴亦不食死家人瘞之塋左

虞初新志

舊雨重逢

그 뒤에 노씨가 죽자 학도 음식을 먹지 않고 죽었다. 집안 사람들이 노씨의 무덤 왼편에다 학을 묻어 주었다.

(『우초신지虞初新志』에 실려 있다.)

陳州倅盧某, 畜二鶴甚馴. 一剏死, 一哀鳴不食. 盧勉飼之, 乃就食. 一旦, 鳴繞盧側. 盧曰:"爾欲去, 不爾羈也." 鶴振翮雲際, 數四徊翔, 乃去. 盧老病無子, 後三年, 歸臥黃蒲溪上晚秋蕭索, 曳杖林間. 忽有一鶴盤空, 鳴聲淒斷. 盧仰祝曰:"若非我陳州侶耶? 果爾, 即當下." 鶴竟投入懷中, 以喙牽衣, 旋舞不釋. 遂引之歸. 後盧歿, 鶴亦不食死. 家人瘞之墓左. (『虞初新志』)

焚弓折箭

休寧張村民張五以弋獵為生家道粗給嘗逐一麂將二子行不能速遂為所及度不可免顧田之下有浮土乃引二子下擁土培覆之而自投于網中張之母遙望見奔至網所以告其子即破網出麂并二雛皆涉活張氏母子相顧悔前所為迄取置罘之屬焚棄之自是不復獵

夷堅志

사슴의 모성애 [焚弓折箭]

휴령현休寧縣 장촌張村에 사는 장오張五는 사냥으로 생계를 꾸렸다. 그의 집안 형편은 그럭저럭 괜찮은 편이었다. 하루는 장오가 한 마리 사슴을 쫓고 있었다. 이 사슴은 두 마리 새끼를 데리고 다니느라 빨리 도망치지 못했고, 결국 따라 잡히게 되었다. 사슴은 도망갈 수 없음을 깨닫고 밭 아래 부토浮土, 곁에 깔린 흙가 있는 곳을 발견했다. 그리고 새끼 두 마리를 그곳으로 이끌어 흙으로 덮어준 후, 자신은 그물 속으로 몸을 던졌다.

장오의 어머니가 멀리서 이 광경을 목격하고 그물이 있는 곳으로 달려가 아들에게 상황을 설명했다. 이 말을 들은 장오는 곧바로 그물을 찢어 사슴을 풀어주었고, 흙에 숨겨진 두 새끼도 모두 살려주었다. 장씨 모자는 서로 마주 보며 자신들의 행동을 깊이 후회했다. 그들은 모든 사냥 도구를 모아 불태워 버리고, 그 후로는 다시는 사냥을 하지 않았다. (『이견지夷堅志』에 나온다.)

休寧張村民張五, 以弋獵爲生, 家道粗給. 嘗逐一麂, 麂將二子行, 不能速, 遂爲所及. 度不可免, 顧田之下有浮土, 乃

焚弓折箭

休寧張村民張五,以弋獵為生家道粗給,嘗逐一麂,將二子行不能速,遂為所及度不可免顧田之下有浮土乃引二子下擁土培覆之,而自投於網中張之母遙望見奔至網所具以告其子即破網出虎,并二雛皆浮活張氏母子相顧悔前所為逃取置果之屬焚葬之自是不復獵

夷堅志

引二子下, 擁土培覆之, 而自投于網中. 張之母遙望見, 奔至網所, 具以告其子. 即破網出麑, 幷二雛皆得活. 張氏母子相顧, 悔前所爲, 悉取置罘之屬焚棄之, 自是不復獵. (『夷堅志』)

湯鄰初煥佐郡江右在任生女及週郡人饋以鶩頸為金擔壓折乃成之字憐而畜之後郡歸親黨又饋以鶩乃缺一掌者然憐而畜之一雌一雄遂成配偶雄曰烏郎雌曰蒼女呼其名即應聲至行則讓缺掌者先食則折頭者先畜至三十餘年迨湯夫人歿二鶩哀號數晝夜絕食死于柩下。

相敬如賓

거위 부부의 의리 [相敬如賓]

인초鄯初 탕환湯煥은 강우江右에서 좌군佐郡으로 재임하고 있을 때 딸을 낳았다. 딸의 돌이 되자 고을 사람들이 거위를 선물로 주었는데 목이 상자에 눌려 꺾여 '갈 지之 자' 모양이 되어 있었다. 탕환은 이를 불쌍히 여겨 길렀다. 후에 고을살이를 마치고 돌아올 때 친척들이 또 거위를 선물했는데, 발바닥 하나가 없는 거위였다. 탕환은 이 역시 불쌍히 여겨 길렀다.

한 마리는 암컷이었고 다른 한 마리는 수컷이었다. 두 마리 거위는 드디어 짝이 되었다. 수컷은 '오랑烏郎'이라 하고, 암컷은 '창녀蒼女'라 하였다. 그 이름을 부르면 곧바로 소리를 듣고 달려왔다. 걸을 때는 발바닥이 없는 거위가 먼저 가게 했고 먹을 때는 목이 꺾인 거위가 먼저 먹게 했다.

거위를 기른 지 삼십 년이 지나 탕부인이 죽자, 두 마리 거위가 슬피 울며 며칠 밤낮을 부르짖었다. 결국 모이를 먹지 않다가 관 아래에서 죽고 말았다.

(『우초신지虞初新志』에 실려 있다.)

湯鄯初煥, 佐郡江右. 在任生女及周, 郡人饋以鵝, 頸爲湯鄰枌煥佐郡江右在任生女及週，郡人餽以鶑頸為金搭壓折，成之字憐而畜之後羅郡歸親堂又饋以鶑乃缺一掌者衆憐而畜之一雌一雄遂成配偶雄曰蒼女呼雌曰郎部雌者先食則讓缺掌者先行則其名郎應聲至汁則讓缺掌者先食則折頭者先畜至三十餘年追湯夫人殁二鶑哀號數晝夜絕食死于柩下。

虞初新志

相敬如賓

盒擔壓折, 折成之字, 憐而畜之. 後罷郡歸, 親黨又饋以鵝, 乃缺一掌者, 亦憐而畜之. 一雌一雄, 遂成配偶. 雄曰'烏郎', 雌曰'蒼女', 呼其名, 即應聲至. 行則讓缺掌者先, 食則折頸者先. 畜至三十餘年, 迨湯夫人歿, 二鵝哀號數晝夜, 絕食, 死于柩下. (『虞初新志』)

牧養

村陌有狗子為人所棄者張元見之即收而養之其叔父怒曰何用此為將欲更棄之元對曰有生之數莫不重其性命若天生天殺自然之理今為人所棄而死非其道也若見而不收養無仁心也是以收而養之叔父感其言遂許焉

周書

인자한 마음 [收養]

시골 밭둑에 사람에게 버려진 강아지가 있었다. 장원張元이 강아지를 보고 거두어 길렀다. 그의 숙부가 노하여 말하였다.

"어찌하여 이런 짓을 하는가?"

그리고는 다시 강아지를 버리려고 했다. 장원이 대답하였다.

"살아있는 모든 생명은 누구나 그 생명을 소중히 여깁니다. 하늘이 살리고 하늘이 죽이는 것은 자연의 이치이지만, 이제 사람에게 버려져 죽게된다면 도리에 어긋납니다. 만약 버려진 개를 보고도 거두어 기르지 않는다면, 그것은 인자한 마음이 없는 것입니다. 그래서 거두어 기르는 것입니다."

숙부는 그의 말에 감동하여 마침내 허락하였다.

(『주서周書』에 실려 있다.)

村陌有狗子爲人所棄者. 張元見之, 卽收而養之. 其叔父怒曰:"何用此爲?" 將欲更棄之. 元對曰:"有生之數,* 莫不重

---

* 수(數)는 유(類)의 오자로 보인다. 여기서는 유(類)로 해석한다.

牧養

村陌有狗子為人所棄者張元
見之即收而養之其叔父怒曰
何用此為將欲更棄之元對曰
有生之數莫不重其性命若天
生天殺自然之理今為人所棄
而死非其道也若見而不收養
無仁心也是以收而養之叔父
感其言遂許焉

周書

其性命. 若天生天殺, 自然之理, 今爲人所棄而死, 非其道也. 若見而不收養, 無仁心也. 是以收而養之." 叔父感其言, 遂許焉. (『周書』)

無錫北門外冶坊有王仙人者,自言嘗得一彌猴高不過六七寸,與老母雞同宿猴索食雞啄庭中蟲蟻哺之猴々將所食果栗與雞久之竟成母子猴每夜宿雞必以兩翼覆護以為常也。大凡覆育之恩雖禽獸亦知之。

梅溪叢話

母子

양육의 은혜[母子]

무석현無錫縣 북문北門 밖 대장간에 왕선인王仙人이란 자가 있었다. 그는 스스로 다음과 같은 이야기를 들려주었다. 일찍이 원숭이 한 마리를 얻었는데, 크기가 겨우 6-7촌밖에 되지 않아 늙은 암탉과 함께 잤다. 원숭이가 먹을 것을 찾게 되면 닭이 뜰 안에 있는 벌레나 개미들을 쪼아다 먹여 주었다. 원숭이도 먹던 과일과 밤을 가지고서 닭에게 주었다.

시간이 지나자 결국 둘은 어미와 새끼 같은 사이가 되었다. 원숭이가 밤마다 잘 때면 닭은 양쪽 날개로 원숭이를 감싸 보호하는 것을 일상으로 삼았다. 대체로 양육하는 은혜는 비록 금수라도 그것을 알고 있는 법이다.

(『매계총화梅溪叢話』에 나온다.)

無錫北門外冶坊, 有王仙人者, 自言嘗得一彌猴, 高不過六,七寸, 與老母雞同宿. 猴索食, 雞啄庭中蟲蟻哺之. 猴小將所食果栗與雞. 久之, 竟成母子. 猴每夜宿, 雞必以兩翼覆護, 以爲常也. 大凡覆育之恩, 雖禽獸亦知之. (『梅溪叢話』)

馮道性仁厚家有一池每浮生魚必放池中謂之放生池其子為監丞者每竊釣而食之道聞之不懌于是高其牆垣鑰其戶為一詩書于門曰高却牆垣鑰却門監丞送此罷垂綸池中魚鱉應相賀從此方知有主人。

續墨客揮犀

방생지의 주인[放生池]*

풍도馮道는 성품이 인후仁厚한 사람이었다. 집안에 못[池] 하나가 있었는데, 매번 산 물고기를 얻게 되면 반드시 못 가운데 놓아주었다. 이를 방생지放生池라 불렀다. 그의 아들 중 감승監丞이 된 자가 늘 몰래 낚시질하여 물고기를 먹었다.

풍도가 이를 듣고 불쾌해서 담장을 높이 쌓고 문에는 자물쇠를 채운 뒤 한 편의 시를 지어 문에다 써 붙였다.

"담장은 높이 쌓고, 문에는 자물쇠 채웠으니

감승은 이제부터 고기 낚는 일 그만두어라.

못 속 물고기와 자라들 서로 축하하리라,

이제야 비로소 진짜 주인 있음을 알았으니."

(『속묵객휘서續墨客揮犀』에 실려 있다.)

馮道性仁厚. 家有一池, 每得生魚, 必放池中, 謂之放生池. 其子爲監丞者, 每竊釣而食之. 道聞之不懌, 于是高其牆垣, 鑰其門戶, 爲一詩, 書于門曰: "高却牆垣鑰却門, 監丞從此罷垂綸. 池中魚鱉應相賀, 從此方知有主人." (『續墨客揮犀』)

---

* 원제는 풍도(馮道)의 「물고기를 놓아주고 자물쇠 채운 문에 써붙이다[放魚書所鑰戶]」이다.

仇念為東州一邑宰晨起視事方受牒訴有鶴雀翔舞庭下驅逐久之方去明日復來仇心異之遺一吏跡所止吏既出城數里見一大樹鶴雀喧噪觀其上視則有數巢子雛啾哳其下方有數人持鋸斧索將伐之吏問伐者何為曰伐此樹有之曰何為曰為薪耳又問曰可得五千仇即以已意若五千可得乎曰是鶴仇連日來有知如此爾不可伐其人遂去因不伐樹

由清焉硎

鶴雀之家

황새의 호소 [鸛雀之家]

구여仇悆는 동주東州에 있는 한 고을의 현령이 되었다. 어느 날 새벽에 일어나 일을 보는데 소장訴狀을 받고 있을 때 황새 한 마리가 너울너울 춤추며 뜰 아래로 내려왔다. 구여가 오랫동안 쫓아내자 황새는 떠났다가 다음날 다시 왔다.

구여가 마음속으로 이상하게 여겨 관리 한 명을 보내 황새가 머무는 곳을 추적해 어떻게 된 일인지 살펴보게 했다. 관리가 성을 나와 몇 리를 가니 큰 나무 한 그루가 있었고 황새가 그 위에 머물고 있었다. 나무 꼭대기를 보니 둥지가 있었고 그 안에서 몇 마리의 새끼가 재잘거리고 있었다. 그런데 그 나무 아래에는 몇 사람이 톱과 도끼, 노끈을 들고 나무를 베려 하고 있었다. 관리가 서둘러 그들을 말리고 그 사람을 데리고서 현령에게 와 함께 보고 하였다.

구여가 물었다.

"나무를 베어서 무엇에 쓰려고 하는가?"

그들이 대답하였다.

"땔감으로 쓰려고 합니다."

구여가 다시 물었다.

"땔감을 팔면 얼마나 받는가?"

忧念为东州一邑宰晨起视事方受牒新有鹊雀翔舞庭下驱逐久之方去明日复来忧心异之遣一吏随其后观其止为何来既出城数里见一大树鹊雀止而啁啾引其上上方视其颠则有人持锯斧为代之其中吏其下方视其数人持锯斧为代之意引其人问曰你将代之何为曰之可得五千钱即以意若求千钱且告 树可伐否又问忧之其树树知如此尔不可伐由其鸟人遂去因不伐

鹊雀之家

그들이 말하였다.

"오천 냥을 받을 수 있습니다."

구여는 곧바로 자신의 돈 오천 냥을 그들에게 주었다.

그리고 그들에게 말했다.

"이 황새가 날마다 와서 마치 구원을 청하는 듯했다. 사람과 다른 동물이지만 이토록 지혜로우니, 너희는 나무를 베어서는 안 된다."

그 사람들은 마침내 떠났고, 나무는 베어지지 않았다.

(『곡유구문曲洧舊聞』에 실려 있다.)

仇㢸爲東州一邑宰. 晨起視事, 方受牒訴. 有鸛雀翔舞庭下, 驅逐久之, 方去, 明日復來. 仇心異之, 遣一吏跡所止, 而觀其爲何. 既出城數里, 見一大樹, 鸛雀徑止其上. 視其顚, 則有巢焉, 數子啁啾其中. 其下方有數人, 持鋸斧繩索, 將伐之者. 吏遽止之, 且引其人與俱見. 仇問:"伐樹何爲?"曰:"爲薪耳." 又問:"鬻之得幾何?" 曰:"可得五千." 仇即以己錢五千與之. 且告之曰:"是鸛連日來, 意若求救者. 異類而有知如此, 爾不可伐." 其人遂去, 因不伐樹. (『曲洧舊聞』)

鹽官縣慶善寺明義大師退居邑人鄒氏庵一日春晨詉行汪中見鳩雛墮地攜以歸躬自哺飼兩月乃能飛日緩兩適夜則投宿屏几間是歲十月其徒惠月復主慶善寺迎其師歸遠蓄鳩返則閴無人矣旋室百匝悲鳴不已守舍者憐之謂曰吾送汝歸去師慶明日籠以授師自晨不復出馴狎左右以手摩挱皆不動他人近之輒驚起鳴呼孰謂畜產蔑知乎

恩人

夷堅志

은인을 찾아서 [恩士]

염관현鹽官縣 경선사慶善寺에 있는 명의대사明義大師가 고을 사람 추씨鄒氏의 암자에 은거하고 있었다. 어느 봄날 새벽, 오솔길을 걷다가 땅에 떨어진 비둘기 새끼를 발견하고는 데려와 직접 먹여주었다. 두 달이 지나자 비둘기는 날 수 있게 되었다. 대사는 날마다 비둘기가 원하는 대로 날게 했으나, 밤이 되면 병풍 옆 탁자 사이로 돌아와 잠을 잤다.

그 해 10월, 대사의 제자인 해월惠月이 다시 경선사의 주지가 되어 스승을 맞이하러 왔다. 저물녘에 비둘기가 돌아왔을 때 암자는 이미 텅 비어 있었다. 비둘기는 방을 백 번이나 돌며 슬피 울었다. 집을 지키던 사람이 이를 불쌍히 여겨서 말했다.

"내가 너를 데려다 대사가 있는 곳으로 돌아보내 주마."

이튿날 그 사람은 비둘기를 새장에다 넣어 대사에게 보냈다. 그날 이후로 비둘기는 다시는 암자로 돌아오지 않았다. 대사 곁에서는 온순하고 친밀해져 대사가 손으로 어루만져도 꼼짝하지 않았다. 그러나 다른 사람이 가까이 오면 새가 깜짝 놀라며 날아올랐다. 아! 누가 짐승에게 지각이 없다고 말했던가?

鹽官縣慶善寺明義大師退居邑人鄧
氏庵一日晨起行庭中見鳩墮地
擕以歸日哺飼兩月乃能飛日縱兩
適夜則投宿屏几間是歲十月其徒惠
月後主慶善寺迎其師歸建菴鳩返則
聞之謂曰吾送汝歸去師屬明日籠以
擕之謂曰吾送汝歸去師屬明日籠以
授師自是不復出鳥即左右以手摩拊
皆不動他人近之輒驚起鳴呼歟誚畜
產亦知乎

夷堅志四

恩人

(『이견지夷堅志』에 실려 있다.)

　　鹽官縣慶善寺明義大師, 退居邑人鄒氏庵. 一日春晨起行徑中, 見鳩雛墮地, 携以歸, 躬自哺飼, 兩月乃能飛. 日縱所適, 夜則投宿屛幾間. 是歲十月, 其徒惠月復主慶善寺, 迎其師歸. 逮暮鳩返, 則闃無人矣. 旋室百匝, 悲鳴不已. 守舍者憐之, 謂曰: "吾送汝歸老師處." 明日籠以授師. 自是不復出. 馴狎左右, 以手摩拊皆不動. 他人近之, 輒驚起. 嗚呼! 孰謂畜産*無知乎? (『夷堅志』)

---

* 생(生)의 오자로 보인다.

上元中華容縣有象入莊家中庭臥其足下有搓人為出之象乃伏令人騎入深山以鼻掊土浔象牙數十以報之。

虞初新志

酬謝

코끼리의 보답[酬謝]

상원上元, 674~676 연간에 화용현華容縣이란 곳에 코끼리가 농가의 뜰에 들어와 누워 있었다. 코끼리 발 아래에 나무가시가 박혀 있었는데 집주인이 뽑아 주었다. 그러자 코끼리가 엎드려 사람을 태우더니 깊은 산속으로 들어가 코로 흙을 파헤치고 상아 수십 개를 꺼내 보답하였다.

(『우초신지虞初新志』에 실려 있다.)

上元中, 華容縣有象入莊家中庭臥. 其足下有槎, 人爲出之. 象乃伏, 令人騎入深山, 以鼻搰土, 得象牙數十以報之. (『虞初新志』)

郁七家有燕將雛巢久忽毀鄰燕成群銜泥去來如織頃刻巢復成明日遂育數雛巢中乃知事急燕來助力者。

虞初新志

協助築巢

제비들의 공조 [協助築巢]

욱칠郁七의 집에 제비 새끼가 거의 부화될 무렵, 둥지가 오래되어 갑자기 무너져 내렸다. 이웃의 제비들이 무리를 지어 진흙을 입에 물고 오가기를 베를 짜듯 하더니 순식간에 둥지가 다시 지어졌다. 다음날 어미 제비는 둥지 안에서 여러 새끼를 기르고 있었는데, 급한 상황에 이웃 제비들이 와서 도와준 것임을 알게 되었다.

(『우초신지虞初新志』에 실려 있다.)

郁七家有燕將雛, 巢久忽毁. 鄰燕成群, 銜泥去來如織, 頃刻巢復成. 明日, 遂育數雛巢中, 乃知事急, 燕來助力者. (『虞初新志』)

送终

咸熙中有翁媪弄猴于瑞昌门外，一日媪死，翁葬之。未几翁死，无人葬，猴守之，日久，人怜而葬之，咸称为义猴。

虞初新志

의로운 원숭이[送終]

함희咸熙, 264~265* 연간에 한 노부부가 서창문瑞昌門 밖에서 원숭이를 기르며 살고 있었다. 어느 날 할머니가 죽자 할아버지는 할머니 장사를 지냈고, 얼마 지나지 않아 할아버지도 죽었다. 그러자 장사를 치러 줄 사람이 없어 원숭이가 시신을 지켰다. 여러 날이 지내자 사람들이 이를 불쌍히 여겨 장사를 지내 주었고 모두가 의로운 원숭이[義猴]라 칭찬하였다.

(『우초신지虞初新志』에 실려 있다.)

咸熙中, 有翁媼弄猴于瑞昌門外. 一日, 媼死, 翁葬之. 未幾, 翁死, 無人葬. 猴守之. 日久, 人憐而葬之, 咸稱爲義猴. (『虞初新志』)

---

* 함희(咸熙) : 중국 삼국시대 위나라 조환이 사용한 연호(264~265년).

銀臺侯廣成家放一鹿
于堯峰且數年侯死鹿
跳躑斷角累日不食亦
死山僧憐而葬之碣曰
義鹿塚

虞初新志

鹿鹿攸伏

주인을 따라 죽은 사슴 [麋鹿攸伏]

은대銀臺 후광성侯廣成의 집에서 한 마리 사슴을 요봉堯峰에 방목했다. 몇 년이 지나 후광성이 죽자, 사슴이 펄쩍펄쩍 뛰다가 뿔이 부러지고 여러 날을 먹지 않다가 결국 죽고 말았다. 산에 사는 스님이 이를 불쌍히 여겨 사슴을 장사 지내주고 비석에 의록총義鹿塚이라 새겼다.

(『우초신지虞初新志』에 실려 있다.)

銀臺侯廣成家, 放一鹿于堯峰. 且數年, 侯死, 鹿跳躑斷角, 累日不食, 亦死. 山僧憐而葬之, 碣曰"義鹿塚". (『虞初新志』)

孟孫獵得麑使秦西巴持歸其
母隨而鳴秦西巴不忍縱而与
之孟孫怒而逐秦西巴居一年
召以為太子傅左右曰夫秦西
巴有罪于君今以為太子傅何
也孟孫曰夫以一麑而不忍又
將能忍吾子乎

說苑

愛子

자애로운 스승[愛子]

맹손孟孫이 사냥을 하다가 새끼 사슴을 잡아 진서파秦西巴에게 데려가게 했다. 그런데 어미 사슴이 수레를 따라오며 울부짖는 것을 보고 진서파는 참지 못하고 새끼 사슴을 놓아주었다. 맹손은 노하여 진서파를 쫓아냈지만, 일 년이 지나자 진서파를 불러 태자를 모시게 하였다. 좌우에 있던 사람들이 말했다.

"진서파가 임금께 죄를 지었는데 지금 태자의 스승으로 삼는 것은 어째서입니까?"

맹손이 대답했다.

"한 마리 새끼 사슴도 차마 해치지 못했는데, 하물며 내 자식에게 해로운 일을 하겠는가?"

(『설원說苑』에 실려 있다.)

孟孫獵得麑, 使秦西巴持歸. 其母隨而鳴, 秦西巴不忍, 縱而與之. 孟孫怒而逐秦西巴, 居一年, 召以爲太子侍. 左右曰:"夫秦西巴有罪于君, 今以爲太子傅, 何也?" 孟孫曰:"夫以一麑而不忍, 又將能忍吾子乎?" (『說苑』)

夢故山

宋高宗時隴山人進骹言鸚鵡高宗養之宮中一日問曰尔思鄉否曰豈不尔思之何益帝遣中貴送還隴山數年之後使過其地鸚鵡問曰上皇安否曰崩矣鸚鵡悲鳴不已

虞初新志

황제의 은혜를 잊지 않은 앵무새 [夢故山]

송宋나라 고종高宗 때에 농산隴山 사람이 말을 할 줄 아는 앵무새를 진상하자, 고종은 앵무새를 궁중에서 길렀다. 어느 날 고종이 앵무새에게 물었다.

"너는 고향을 그리워하느냐?"

앵무새가 대답하였다.

"어찌 고향을 그리워하지 않겠습니까? 그러나 그리워한들 무슨 소용이 있겠습니까!"

황제가 환관을 시켜 앵무새를 농산으로 돌려보냈다. 몇 해가 지난 후, 사신이 그곳을 지나가는데 앵무새가 물었다.

"상황上皇께서는 잘 계십니까?"

사신이 말하였다.

"돌아가셨다."

앵무새가 슬피 울기를 그치지 않았다.

(『우초신지虞初新志』에 실려 있다.)

宋高宗時, 隴山人進能言鸚鵡, 高宗養之宮中. 一日, 問曰:"爾思鄕否?" 曰:"豈不爾思? 思之何益!" 帝遣中貴送還

夢故山

宋高宗時隴山人進能言鸚鵡高宗養之宮中一日問曰尔思鄉否曰豈不尔思之何益帝遣中貴送還隴山數年之後使過其地鸚鵡問曰上皇安否曰崩矣鸚鵡悲鳴不已

虞劫新志圖

隴山. 數年之後, 使過其地, 鸚鵡問曰:"上皇安否?"曰:"崩矣." 鸚鵡悲鳴不已. (『虞初新志』)

下獄

關中商人浮骸言鸚鵡于隴山，愛而食之甚勤。偶事下獄，歸時歎恨不已。鸚鵡曰：郎在獄數日，已不堪。鸚鵡遭閉累年，奈何？商感而放之。後商同輩有過隴山者，鸚鵡必于林間問曰：郎無恙否？幸寄聲幸寄聲。

啓功新志

감옥 체험 [下獄]

관중關中의 장사치가 농산隴山에서 말할 줄 아는 앵무새를 얻어 매우 아끼며 정성껏 먹여 주었다. 어느 날 우연한 일로 옥에 갇혔다가 집으로 돌아왔을 때 한탄을 그치지 않았다. 앵무새가 말했다.

"당신은 며칠 옥에 갇혀 있던 것도 견디기 힘든데, 여러 해 동안 갇혀있는 나는 어떻겠습니까?"

장사치가 깊이 감동하여 앵무새를 놓아주었다. 이후 장사치의 무리 중 농산을 지나는 자가 있으면, 앵무새가 숲 사이에서 물었다.

"그분께서는 무탈하십니까? 부디 소식을 전해 주세요. 부디 소식을 전해 주세요."

(『우초신지虞初新志』에 실려 있다.)

關中商人得能言鸚鵡于隴山, 愛而食之甚勤. 偶事下獄, 歸時歎恨不已. 鸚鵡曰:"郎在獄數日, 已不堪. 鸚鵡遭閉累年, 奈何?" 商感而放之. 後商同輩有過隴山者, 鸚鵡必于林間問曰:"郎無恙否? 幸寄聲! 幸寄聲!"(『虞初新志』)

仁宗一日晨興語近臣曰昨夕因
不寐而甚飢思食羊燒侍臣曰何
不降旨取索曰比聞禁中每有取
索外面遂以為例誠恐自此逐夜
宰殺以備非時供應則歲月之久
害物多矣豈可不忍一夕之餒而
啟無窮之殺也時左右皆呼萬歲
至有感泣者

東軒筆錄

跪乳

밤중의 양고기 [啖乳]

인종仁宗이 어느 날 새벽에 일어나 가까운 신하에게 말했다.

"어젯밤에는 잠을 이루지 못해 배가 몹시 고팠는데, 양고기 볶음이 먹고 싶었소."

가까운 신하가 말했다.

"어찌 명령을 내려 가져오게 하지 않으셨습니까?"

인종이 말하였다.

"최근에 듣자니 궁중에서 무언가를 가져오게 하면, 궁중 밖에서 그것을 전례로 삼는다 하오. 진실로 지금부터 밤마다 양을 잡아 먹거리를 준비하게 된다면, 세월이 흐르면서 동물을 해치는 일이 많아질 것이오. 어찌 하룻밤의 굶주림을 참지 못하고 끝없는 살생을 시작할 수 있겠소?"

이때 좌우에 있던 신하들이 모두 만세를 부르며 감격에 겨워 눈물을 흘리는 자까지 있었다.

(『동헌필록東軒筆錄』에 실려 있다.)

仁宗一日晨興, 語近臣曰 : "昨夕因不寐而甚飢, 思食羊燒." 侍臣曰 : "何不降旨取索?" 曰 : "比聞禁中每有取索, 外面仁宗一日晨興,語近臣曰:昨夕因不寐而甚飢,思食羊燒,侍臣曰:何不降旨取索。曰:比聞禁中每有取索,外面遂以為例,誠恐自此逐夜宰殺以備非時供應,則歲月之久,害物多矣,豈可不忍一夕之餒而啓無窮之殺也。時左右皆呼萬歲,至有感泣者。

東軒筆錄

跪乳

遂以爲例. 誠恐自此逐夜宰殺, 以備非時供應, 則歲月之久, 害物多矣, 豈可不忍一夕之餒, 而啟無窮之殺也." 時左右皆呼萬歲, 至有感泣者. (『東軒筆錄』)

偵獲兇手

滁州一寺僧被盜殺死，徒往報官畜犬尾其後，至一酒肆中盜方群聚縱飲，犬忽奔噬盜足，眾以為異執之，致官訊服。

虞初新志圖

범인을 검거한 개 [緝獲兇手]

저주滁州의 한 절에 있던 스님이 도적에게 살해당했다. 제자들이 관가에 보고하러 가자, 스님이 기르던 개도 그 뒤를 따라 나섰다. 한 술집에 이르렀을 때, 도적들이 무리지어 술을 마음껏 퍼마시고 있었다. 개가 갑자기 달려가 도적의 발을 물어뜯었다. 사람들이 그 일을 이상하게 여겨 도적을 잡아 관가로 데려갔다. 관가에서 신문하자 도적은 죄를 자백했다.

(『우초신지虞初新志』에 실려 있다.)

滁州一寺僧, 被盜殺死. 徒往報官, 畜犬尾其後. 至一酒肆中, 盜方群聚縱飮, 犬忽奔噬盜足. 衆以爲異, 執之, 致官訊服. (『虞初新志』)

厓山之敗，陸秀夫抱祥興帝與俱赴水時，御舟一白鷴奮擊哀鳴，与籠墜水中死。

虞初新志

白鷴殉主

흰 꿩의 순절 [白鷳殉主]

애산崖山의 전투에서 패하자 육수부陸秀夫가 상흥제祥興帝를 안고 함께 물에 뛰어들어 죽었다. 이때 황제의 배에 있던 흰 꿩 한 마리가 날개를 치며 슬피 울다가, 새장과 함께 물속에 떨어져 죽었다.

(『우초신지虞初新志』에 실려 있다.)

崖山之敗, 陸秀夫抱祥興帝, 與俱赴水. 時御舟一白鷳, 奮擊哀鳴, 與籠墜水中死. (『虞初新志』)

明末張賊破蜀城，蜀藩率其子女宮人投井死，王所乘白驢躑躅其旁，亦跳入殉焉。

虞初新志

白驢徇主

흰 나귀의 순절 [白驢殉主]

명나라 말기 장헌충張獻忠이 촉성蜀城을 함락시키자 촉왕이 자녀와 궁인을 데리고 우물에 몸을 던져 죽었다. 왕이 타고 다니던 흰 나귀가 그 곁을 서성대다가 우물에 뛰어들어 왕을 따라 죽었다.

(『우초신지虞初新志』에 나온다.)

明末, 張賊破蜀城, 蜀藩率其子女, 宮人, 投井死. 王所乘白驢, 躑躅其旁, 亦跳入殉焉. (『虞初新志』)

石門吳又樂言光緒庚辰知青浦縣以公事至鄉泊舟月城鎮泊岸有竹籬有童子六七嬉戲其間俄一童子失足墮水男婦皆驚顧而岸斗絕不可下又樂水移舟救之而拌柯維繫甚牢且長年歃老皆歃就酒家一時不易拈集正愕眙間忽有狗躍入水中銜童子之衣水而至岸蓋此岸峻削而波水可上也狗曳童子登岸其家人亦趨至挽之起幸無恙。

俞曲園筆記

勇且智

용맹하고 지혜로운 개 [勇且智]

석문石門의 오우락吳又樂이 말했다. 광서光緒 경진년庚辰年 청포현青浦縣 지현知縣으로 재임하며 공무로 고향에 갔다가 배를 월성진月城鎮에 대었다. 연안에는 대나무 울타리가 있었는데, 어린애들 예닐곱 명이 그 울타리 사이에서 놀고 있었다. 얼마 후 한 아이가 발을 헛디뎌 물에 빠졌다. 주변 사람들이 모두 놀라 뒤를 바라보았으나 언덕이 가팔라 내려갈 수 없었다. 오우락은 배를 옮겨 아이를 구하려 했으나 돛단배가 단단히 묶인 데다 뱃사공들은 술집으로 흩어져 있어 한꺼번에 불러 모으기 어려웠다. 놀라서 지켜보는 사이 갑자기 한 마리 개가 물속으로 뛰어 들어 아이의 옷을 물고 헤엄쳐서 맞은편 언덕으로 갔다. 이쪽 언덕은 깎아지른 듯 높았지만 저쪽 언덕은 경사진 비탈이라 올라갈 수 있었다. 개가 어린아이를 끌고 언덕에 올라가자, 아이의 가족들도 달려와 아이를 안아 일으켰다. 다행히 아이는 별 탈이 없었다.

(유곡원俞曲園의 『필기筆記』에 실려 있다.)

石門吳又樂言：光緒庚辰知青浦縣, 以公事至鄉, 泊舟月城鎮. 沿岸有竹籬, 有童子六七, 嬉戲其間. 俄一童子失足石門吳又樂言光緒庚辰知青浦縣以公事至鄉泊舟月城鎮泮坼有竹雞有童子六七嬉戲其間俄一童子失足墮水男婦皆驚頭而岸斗絕不可下又樂水移丹救之而拜柯維馨甚窘且長羊歎咸款就酒家一時不易招集已愕眙間忽有狗躍入水中銜童子之衣水而至對泮蓋山泮埈削而陡峭可上也狗曳童子登岸其家人亟趨至抱之起幸無恙

俞曲園筆記

勇且智

墮水. 男婦皆驚顧, 而岸斗絶, 不可下. 又樂欲移舟救之, 而牂舸**維繫甚牢, 且長年三老, 皆散就酒家, 一時不易招集. 正愕眙間, 忽有狗躍入水中, 銜童子之衣, 泅水而至對岸. 蓋此岸峻削, 而彼岸則陂陀可上也. 狗曳童子登岸, 其家人亦趨至, 抱之起. 幸無恙. (兪曲園『筆記』)

** 다른 본에는 장가(牂舸)가 장가(檣舸)로 되어 있다.

瀛州團練使李廷渥莊邊郡日虞人獲一子母胡猻為獻子甚小縶在馬院其子母胡猻為鷂所搏母號呼奮躑晝夜不絕一旦嚙其繩而逸之捕之莫浮忽于庖中窃肉置瓦溝上潛身屋簷間伺鷂下攫跳而攝之遽執雙目次除兩翅乃攜至厩舍緩剖其腹碎裂腸胃陳之于前哀號數聲以祭其子然後寸斷之肉旋折為數為厩吏驚報廷渥觀而嘆息遂令人送入山中

友會識義

為子復仇

자식을 위한 복수 [爲子復仇]

영주瀛州의 단련사團練使 이정악李廷渥이 변방 고을에 부임했을 때, 사냥꾼이 어미와 새끼 원숭이를 잡아 바쳤다. 새끼 원숭이는 매우 작아서 마원馬院에다 묶어 두었는데, 새끼가 뛰어 마원 밖으로 나갔다가 솔개에게 잡혔다. 어미 원숭이는 밤낮으로 울부짖으며 뛰었고, 어느 날 끈을 물어뜯고 도망쳤는데, 잡으려 해도 잡을 수 없었다. 그러다 어미 원숭이가 부엌에서 고기를 훔쳐 기왓골 위에 놓고 지붕 틈에 몸을 숨겼다. 솔개가 고기를 먹으러 내려오자, 어미 원숭이가 뛰어올라 솔개를 잡았다. 곧바로 솔개의 두 눈을 파내고 날개를 잘라냈다. 그리고 솔개를 마구간으로 끌고 가 배를 갈라 창자와 위를 찢어 앞에 늘어놓고, 슬피 울며 새끼의 제사를 지냈다. 그 후 솔개를 토막내니 살점이 모두 실오라기처럼 찢어졌다. 마구간의 관리들이 놀라 이정악에게 보고하자, 그는 이를 보고 탄식하며 사람을 시켜 어미 원숭이를 산속으로 돌려보냈다.

(『우회담총友會談叢』에 실려 있다.)

瀛州團練使李廷渥, 莅邊郡日, 虞人獲子母胡孫爲獻. 子

漁州團練使李廷渥莊邊鄙日,虜人獲
于母胡羯為獻子甚小繫在馬院其子
跳躍出院為鴉所搏母雛嘗晝夜
不絕一旦唱且號而逸之捕之莫得忽
于庖中窈肉置足濡上潛身屋隙間伺
鴉丁攫啄而搞之遽以雙目次除兩翅
乃揚哀號而緩剝其腹碎裂腸胃陣之
于於竟數斃以祭其子然後溪寸斷之
肉會析為始葬反廄吏驚報廷渥觀而嘆
息遂令介送入山中

烏子復仇

甚小, 繫在馬院. 其子跳躍出院, 爲鴟所搏. 母號呼奮躑, 晝夜不絕, 一旦噬其繩而逸之, 捕之莫得. 忽于庖中竊肉, 置瓦溝上, 潛身屋隙間. 伺鴟下, 躩跳而擒之. 遽抉雙目, 次除兩翅. 乃携至廐舍. 緩剖其腹, 磔裂腸胃, 陳之于前, 哀號數聲, 以祭其子. 然後寸斷之, 肉皆析爲縷焉. 廐吏驚報廷渥, 覘而嘆息, 遂令人送入山中.(『友會談叢』)

紹興人周桌為賊劫至湖州賊魁甚悍一日有狗遺失於地賊魁怒盡殺其畜之狗最後一黑狗衷鳴若求免者周頗與賊狗善力請勿殺送之周以此狗寄養他所居數月周送賊中逃出狗隨之行至德清之外有人切切有也周驚起則戶宿枯廟中及久狗忽登出狗奪門出數人鬻刀追之狗狂噬周免繞道歸紹興大風覆舟周溺于水狗亦入水銜其衣曳之至岸乃浮不死光緒元年有人見周于杭州城隍山狗亦尚在

俞曲園筆記

報恩

은혜 갚은 개 [報恩]

소흥紹興 사람 주周 아무개는 도둑에게 위협 당해 호주湖州로 끌려갔다. 도둑의 우두머리는 매우 사나웠는데, 어느 날 개가 땅에다 똥을 싸자 노하여 기르던 개들을 모조리 죽였다. 마지막으로 남은 검은 개 한 마리가 슬피 우며 죽음을 면해 달라고 애원하는 듯했다. 주씨는 도둑의 우두머리와 친분이 있어 개를 죽이지 말아 달라고 간청했고, 도둑의 우두머리는 그의 청을 받아들여 개를 다른 곳에 맡겨 기르게 했다. 몇 달 후, 주씨가 도둑의 소굴에서 도망치자 개도 따라 나와 덕청德清에 이르러 버려진 사당에서 하룻밤을 지냈다. 밤중에 개가 갑자기 주씨의 침상에 올라왔고, 주씨가 깜짝 놀라 일어나보니 문밖에서 누군가가 소곤거리는 소리가 들렸다. 아마도 (그들은) 그가 도둑 소굴에서 탈출했다는 사실을 알고, 그를 해치고 물건을 빼앗으려 했던 것 같다. 주씨가 문을 박차고 나오자 도둑들이 칼을 빼들고 쫓아왔고, 개는 미친 듯이 그들을 물어 주씨가 그들에게 잡히는 것을 벗어날 수 있었다. 이후 주씨는 우회하여 소흥으로 돌아가던 중 큰 바람을 만나 배가 뒤집혀 주씨가 물에 빠졌다. 개도 물속에 뛰어들어 주씨의 옷을 물고 끌어당겨 겨우 강기슭에 이

绍兴人周泉为贼劫至湖州，贼魁甚悍，一日有狗远夭于地，贼魁怒，盡投之。日有狗远夭于地，贼魁怒，盡投之。狗最後一，里狗哀鸣若求免者，周颇与贼狗善，力请勿杀，狗以此狗奇爱他所致。月余，周逃城中逃出，狗随之行至一居民家，驱之，狗寝他所宿。有人切齿語，盖知其自贼中来，欲害。狗登其槛，周驚起则户外有人，切齿語，盖知其自贼中来，欲害之。狗筝門出，数人露刀追之，狗狂噬，周乘隙绕道，转大风覆舟，周溺于水，狗亦入水衔其衣，至岸乃浮不死，犹光绪元年有人见周于杭州城隍山，狗亦尚在。

俞曲園笔記圖

報恩

르러 목숨을 구했다. 광서光緖 원년元年, 어떤 사람이 주씨를 항주杭州의 성황산城隍山에서 보게 되었는데 개도 여전히 그와 함께 있었다.

(유곡원俞曲園의 『필기筆記』에 실려 있다.)

紹興人周某, 爲賊劫至湖州. 賊魁甚悍, 一日有狗遺矢于地, 賊魁怒, 盡殺其所畜之狗. 最後一黑狗, 哀號若求免者. 周頗與賊魁善, 力請勿殺, 從之, 周以此狗寄養他所. 居數月, 周從賊中逃出, 狗隨之行, 至德淸, 宿枯廟中. 及夕, 狗忽登其榻. 周驚起, 則戶外有人切切耳語. 蓋知其自賊中來, 欲害之而取其所有也. 周奪門出, 數人露刃追之, 狗狂噬, 周得免. 後繞道歸紹興, 大風覆舟, 周溺于水. 狗亦入水, 銜其衣曳之至岸, 乃得不死. 光緒元年, 有人見周于杭州城隍山, 狗亦尙在. (俞曲園 『筆記』)

無錫縣蕩口鎮虞生浮一雁將殺而烹之
有書生見而閔焉買以歸畜之以為玩耍
其逸去以繩聯其兩翅使不能飛雁屢
雜鶩間点頷引援惟聞長空雁唳輒昂首
而鳴一日有群雁過其上此雁大鳴忽有
一雁自空而下集于屋簷兩雁相顧引吭
奮翮若相識者一欲拾之乃斷其線使飛
書生悟此必舊偶也一欻引之上
而此雁垂翅既久不能奮飛屢飛屢墮覺
不浮去屋簷之雁守之終日忽自屋飛下
相對哀鳴越日視之則俱斃矣書生感其
義合而瘞之名曰雁冢
俞曲園筆記

覓侶

짝을 찾아온 기러기 [覺侶]

　　무석현無錫縣 탕구진蕩口鎭에 사는 백성이 기러기 한 마리를 잡아 죽여서 삶아 먹으려 했다. 이를 본 한 서생이 불쌍히 여겨 기러기를 사 들고 집에 돌아와서 기르며 구경거리로 삼았다. 기러기가 도망가지 못하도록 두 날개를 끈으로 묶어 날지 못하게 했다. 기러기는 닭과 오리 사이에 섞여 꽤 길들여졌지만, 오직 하늘에서 기러기 울음소리가 들리면 고개를 번쩍 들고 울곤 했다. 어느 날 기러기 떼가 하늘을 지나가자 이 기러기가 크게 울었다. 갑자기 한 마리 기러기가 공중에서 내려와 처마에 앉았다. 두 마리 기러기는 목을 길게 빼고 날개를 퍼덕이며 마치 서로를 아는 듯했다. 한 마리는 아래로 부르려 하고, 한 마리는 위로 이끌어 올리려 했다. 서생은 이 두 기러기가 옛날 짝임을 깨닫고 끈을 잘라주어 날아가게 했다. 그런데 이 기러기는 날개를 늘어뜨린 지 이미 오래되어 날개를 힘차게 펼 수 없었고, 여러 번 날려 했지만 여러 번 떨어져서 결국 떠나지 못했다. 처마에 있던 기러기는 온종일 지켜보다가 마침내 내려와 서로 마주보며 슬피 울었다. 다음날 보니 두 마리 기러기는 함께 죽어 있었다. 서생은 그 의리에 감동하여 마리를 함께 묻어주고, 그곳을 안총

無錫蕩口鎮虎生浮一雁將殺而烹之有書生見而憫焉以錢贖之以為玩耍之屬後逐去以縷聯其足使不能飛雁屢欲去以線聯隔不能飛雜鶩間一日有鶩到擾堆間送咳有雁空中哦昂引吭而鳴一雁自空而下集于屋檐而雁相顧引吭大鳴忽有雁鴨引之上一雁目空而下招之丁一雁自空而下招之書生語者一欲一奮翅若相識者必舊偶也乃斷其線使竟飛上而此雁垂翅晚久不飛書生感其不得去屋檐寸之悠日忽自屋飛下相對而哀憐遂呼之名曰雁家

命中園筆記圖

覓侶

雁塚이라 이름 붙였다.

(유곡원俞曲園의 『필기筆記』에 실려 있다.)

無錫縣蕩口鎭, 民生得一雁, 將殺而烹之. 有書生見而憫焉, 買以歸, 畜之以爲玩. 懼其逸去, 以線聯其兩翮, 使不能飛. 雁雜處雞鶩間, 亦頗馴擾, 惟聞長空雁唳, 輒昂首而鳴. 一日, 有群雁過其上, 此雁大鳴. 忽有一雁自空而下, 集于屋檐. 兩雁相顧, 引吭奮翮, 若相識者. 一欲招之下, 一欲引之上. 書生悟此兩雁必舊偶也, 乃斷其線, 使飛. 而此雁垂翅旣久, 不能奮飛, 屢飛屢墮, 竟不得去. 屋檐之雁, 守之終日, 忽自屋飛下, 相對哀鳴. 越日視之, 則俱斃矣. 書生感其義, 合而瘞之, 名曰"雁塚". (俞曲園『筆記』)

雍正初李家窪佃戶董某父死遺一牛老且羸將鬻于屠肆牛逸至其父墓前伏地僵臥牽挽鞭箠皆不肯起惟搖尾長鳴村人聞是事絡繹來視忽鄰叟劉某憤然至以杖擊牛曰渠父墮河何預于汝使隨波漂流充魚鼈食豈不大善汝無故多事引之使出多活十餘年致釀為董氏無窮累汝罪大矣就死汝分也何為者哀鳴搖首顫為董氏病醫藥需錢扫墓需錢豢養病醫藥死棺殮皆汝所致十餘年於必多蓄餵以污藁亂刍一旦殘喘噴嘔湯火雖病死棺殮此墓需錢為汝分年子孫無窮累汝罪大矣就死汝分也何為者哀鳴搖首顫為董氏病醫藥需錢扫墓需錢豢養子孫無窮累汝罪大矣就死汝分也蓋其父嘗墮深水中牛隨之濯入牽其尾浮出也董初不知此事聞之大慚自擬其頰回我乃非人急引歸數月後病死泣而埋之此叟殊有滑稽風與東方朔敕漢武帝乳母事竟暗合也

閱微草堂筆記

躍出深水

물에 빠진 사람을 구해낸 소 [躍出深水]

옹정雍正 초기, 이가와李家窪의 전호佃戶 동董 아무개는 아버지가 죽으면서 한 마리 소를 남겼다. 소가 늙은데다 발을 절어서 도축장에다 팔려고 했다. 그런데 소가 달아나 아버지의 묘 앞에 이르러 땅에 엎드려 일어나지 않았다. 소를 끌고 채찍질 해도 꼼짝하지 않고, 오직 꼬리를 흔들며 길게 울 뿐이었다. 마을 사람들이 이 소식을 듣고 구경하러 몰려들었다. 갑자기 이웃 노인 유劉 아무개가 분개하며 지팡이로 소를 때리며 말했다.

"그 사람의 아버지가 강물에 빠진 것이 네게 무슨 상관이냐? 그냥 물결에 떠내려가 물고기와 자라 밥이 되었다면 얼마나 좋았을 것을! 네가 쓸데없이 끌어내어 십여 년을 더 살게 했구나. 살아서는 봉양받고 병들어서는 약을 쓰며 죽어서는 관에 넣어 묻혔지. 이 무덤까지 남겨서 해마다 제사와 성묘로 동씨 후손들에게 끝없는 짐이 되게 했으니, 네 죄가 크다! 죽는 것이 네 분수인데, 음매거리는 것이 무슨 소용이냐?"

원래 동씨의 아버지는 깊은 물에 빠졌을 때 소가 따라 뛰어들어 꼬리를 잡고 나왔던 것이다. 동씨는 애초에 이 사

雍正初李家洼佃户董某父死遺一牛老且跛將鬻于屠肆牛逸至其父墓前伏地僵臥牽挽鞭箠皆不起惟搖尾長鳴村人聞之稍稍來視忽鄰叟劉某憤然至以杖擊牛曰渠父墮河何預于女使隨波漂流克魚鱉食豈不大善汝無故多事引之使出十餘年致渠生奉養病葬委死棺歛且須此一墳歲需樵蘇者何所為子孫惡贏索汝罪大矣就死分耳何必浮出且尾之隨之灌入水中牛隨其杖而入嘶自擇其尾浮出也董初不知此事聞之大慚自拟葬頓已而埋之此叟殊有非人急引歸數月送病死也董父勢陷深水中牛隨之灌入斃其父莫其罪汝以杖擊墨子孫無賴索汝

滑稽風与東方朔敕漢武帝乳母事竟暗合也

閩波艸堂筆記

躍出深水

실을 몰랐다가 노인의 말을 듣고 크게 부끄러워하며 스스로 뺨을 치며 말했다.

"나는 참으로 사람이 아니다."

그러고는 급히 소를 데려갔다. 몇 달 뒤 소가 병들어 죽자, 동씨는 울며 소를 묻어 주었다. 이 노인의 익살스러운 말솜씨는 동방삭이 한무제의 유모를 구한 일과 묘하게 일치한다.

(『열미초당필기閱微草堂筆記』에 실려 있다.)

雍正初, 李家窪佃戶董某, 父死, 遺一牛. 老且跛, 將鬻於屠肆. 牛逸至其父墓前, 伏地僵臥, 牽挽鞭箠, 皆不起, 惟掉尾長鳴. 村人聞是事, 絡繹來視. 忽鄰叟劉某憤然至, 以杖擊牛曰: "渠父墮河, 何預於汝? 使隨波漂流, 充魚鱉食, 豈不大善! 汝無故多事, 引之使出, 多活十餘年. 至渠生奉養, 病醫藥, 死棺斂, 且留此一墳, 歲需祭掃, 爲董氏子孫無窮累, 汝罪大矣! 就死汝分, 牟牟者何爲?" 蓋其父嘗墮深水中, 牛隨之躍入, 牽其尾得出也. 董初不知此事, 聞之大慚. 自批其頰曰: "我乃非人!" 急引歸. 數月後病死, 泣而埋之. 此叟殊有滑稽風, 與東方朔救漢武帝乳母事竟暗合也. (『閱微草堂筆記』)

衙廚梓巢，鸛父死于弩。
頃之，眾擁一雄來匹其
母。母哀鳴百拒之，雄卻
盡啄殺其四雛，母益哀
頓，以死群凶乃挾其雄
逸去。

虞初新志

摧孤

황새의 절개[撫孤]

　위아^{衛衙}의 가래나무 둥지에서 아비 황새가 쇠뇌에 맞아 죽었다. 얼마 뒤 다른 황새들이 수컷 한 마리를 데려와 어미 황새와 짝을 맺어 주려 했다. 그러나 어미 황새는 슬피 울며 완강히 거절했고, 화가 난 수컷은 네 마리의 새끼를 부리로 모조리 쪼아 죽였다. 어미 황새는 더욱 슬퍼하다가 결국 죽고 말았다. 그러자 흉악한 황새들은 그 수컷을 데리고 달아났다.

　(『우초신지^{虞初新志}』에 실려 있다.)

　衛衙梓巢, 鸛父死于弩. 頃之, 衆擁一雄來, 匹其母. 母哀鳴, 百拒之, 雄却盡啄殺其四雛. 母益哀頓以死. 群凶乃挾其雄逸去. (『虞初新志』)

成化六年十月間鹽城天縱湖漁父見鴛鴦甚多,一日弋其雄者烹之,其雌者隨桿飛鳴不去,漁父方啓釜即投沸湯中死。

虞初新志

願同塵與灰

원앙의 사랑[願同塵與灰]

성화成化 6년1470 10월에 염성鹽城:江蘇省 천종호天縱湖의 어부가 원앙이 많이 모여 있는 것을 보았다. 어느 날 그 중 수컷을 주살로 잡아 삶았다. 암컷은 배를 따라 날면서 울부짖으며 떠나지 않았다. 어부가 솥뚜껑을 열자마자 암컷은 끓는 물 속으로 뛰어들어 죽고 말았다.

(『우초신지虞初新志』에 실려 있다.)

成化六年十月間, 鹽城天縱湖漁父見鴛鴦甚多. 一日, 弋其雄者烹之. 其雌者隨棹飛鳴不去. 漁父方啓釜, 卽投沸湯中死. (『虞初新志』)

王一槐教諭銅陵有民一舍除夜燎煙辟除不祥一雁偶為煙觸而下其家以為不祥也烹之明日一雁飛鳴屋頂數日亦墮而死。

虞初新志

殉侶

짝을 따라 죽은 기러기[殉侶]

왕일괴王一槐가 동릉현銅陵縣, 지금의 安徽省 교유敎諭로 있을 때의 일이다. 한 민가에서 섣달 그믐날 밤에 모닥불을 피워 상서롭지 못한 기운을 물리치고 있었다. 그런데 기러기 한 마리가 우연히 연기에 그을려 땅으로 떨어졌다. 그 집에서는 이를 불길하다 여겨 기러기를 삶아 먹었다. 다음날 또 다른 기러기 한 마리가 지붕 꼭대기에서 날아와 울부짖더니 며칠 뒤 떨어져 죽었다.

(『우초신지虞初新志』에 실려 있다.)

王一槐, 敎諭銅陵. 有民舍除夜燎煙, 辟除不祥, 一雁偶爲煙觸而下. 其家以爲不祥也, 烹之. 明日, 一雁飛鳴屋頂, 數日, 亦墮而死. (『虞初新志』)

嘉靖乙卯胡撫鎮賢統兵禦倭至臨山少憩樹下見屠兒將解一牛一犢尚隨乳將利刃銜至車薄內以蹄蹈没泥中屠兒遍索不得。

虞初新志

仁且智

칼을 숨긴 송아지 [仁且智]

가정嘉靖 을묘乙卯, 1555에 무진撫鎮 호현胡賢이 총병統兵으로 왜적을 방어하러 가던 중 임산臨山에 이르렀다. 나무 아래에서 잠시 쉬던 중 백정이 소 한 마리를 잡으려는 것을 보았다. 그런데 아직 젖을 먹고 있는 송아지가 날카로운 칼을 물고 수레 바퀴 아래로 가더니 발로 밟아 진흙 속에 묻어 버렸다. 백정이 사방을 뒤졌지만 칼을 찾지 못했다.

(『우초신지虞初新志』에 실려 있다.)

嘉靖乙卯, 胡撫鎮賢, 統兵禦倭. 至臨山, 少憩樹下, 見屠兒將解一牛. 一犢尚隨乳, 將利刃銜至車薄內, 以蹄踏沒泥中. 屠兒遍索不得. (『虞初新志』)

夔峽間有子母鵲比常
鵲差大雌雄未嘗相離
虞者必雙得之閉雌于
籠中縱雄出食二飽輒
歸縱雌亦然若雙縱則
迳去不復返矣

隨手雜錄

願共甘苦

까치 모자의 정 [願共甘苦]

기협夔峽* 지역에 새끼와 어미 까치가 있었다. 보통 까치보다 조금 컸는데, 어미와 새끼가 서로 떨어지지 않아 사냥꾼이 두 마리를 함께 잡았다. 어미를 새장에다 가두고 새끼를 놓아주면 새끼는 배불리 먹고는 반드시 돌아왔다. 반대로 새끼를 가두고 어미를 놓아주어도 마찬가지였다. 그러나 둘 다 놓아주었더니 곧바로 훌쩍 떠나서 다시는 돌아오지 않았다.

(『수수잡록隨手雜錄』에 실려 있다.)

夔峽間有子母鵲. 比常鵲差大, 雌雄未嘗相離, 虞者必雙得之. 閉雌於籠中, 縱雄出食, 食飽輒歸. 縱雌亦然. 若雙縱, 則徑去不復返矣. (『隨手雜錄』)

---

* 기협(夔峽) : 중국 사천성(四川省)에 있는 삼협(三峽)의 이칭이다.

湖州顏氏夫婦出傭留五歲女守家溺門前池內家有畜犬入水負至岸復狂奔至傭主家作呼導狀顏驚駭歸家見女伏地奄々氣息急救乃甦。

虞初新志

목숨을 구한 개[救命]

　호주湖州, 지금의 浙江省 북부에 사는 안씨顔氏 부부가 품팔이하러 나갔다. 다섯 살 된 딸을 남겨 놓고 집을 지키게 하였는데, 딸이 문 앞 못에 빠졌다. 집에서 기르던 개가 물속으로 뛰어 들어 아이를 업고 못가로 나왔다. 그리고는 미친듯이 달려가서 부부가 일하는 집을 찾아가 짖으며 안내하듯 했다. 안씨 부부가 깜짝 놀라 집으로 돌아와 보니 딸이 땅에 엎드려 숨이 끊어질 듯했다. 급히 응급 조치를 하자 딸은 겨우 소생했다.

　(『우초신지虞初新志』에 실려 있다.)

　湖州顔氏夫婦出傭. 留五歲女守家, 溺門前池內. 家有畜犬, 入水負至岸. 復狂奔至傭主家, 作呼導狀. 顔驚駭歸家, 見女伏地, 奄奄氣息, 急救乃甦. (『虞初新志』)

報告火警

上黨人盧言嘗見一犬羸瘦將死憫而收養。一日醉寢而鄰火焱犬忙廻乃上床于言首嗥吠又銜衣拽之言驚起火已蓺其屋柱突煙而出始得免。

虞初新志

화재 소식을 알린 개[報告火警]

　상당上黨 사람 노언盧言은 말라 비틀어진 개 한 마리가 거의 죽어가는 것을 딱하게 여겨 거두어 길렀다. 어느날 술에 취해 잠들어 있을 때 이웃에서 불이 났다. 개가 다급히 침상으로 올라와 노언의 머리맡에서 짖으며, 또 옷자락을 물고 끌어당겼다. 노언이 깜짝 놀라 일어나 보니 불이 이미 집 기둥을 태우고 있었다. 그는 연기를 뚫고 나와 화를 면할 수 있었다.

　(『우초신지虞初新志』에 실려 있다.)

　上黨人盧言, 嘗見一犬羸瘦將死, 憫而收養. 一日醉寢, 而鄰火發. 犬忙迫, 乃上床, 于言首噪吠, 又銜衣拽之. 言驚起, 火已爇其屋柱. 突煙而出, 始得免. (『虞初新志』)

大慈山之陽有拱木，上有二鵲各巢而生子。其母一為鷙鳥所搏，二子失母，其鳴啁啁。其一方哺子，見而憐之，赴而救之，即銜置一處哺之，若其子然。

虞初新志

三家村

자비로운 까치^[二鵲]

대자산大慈山* 남쪽에 아름드리 나무가 있었다. 나무 위에 두 마리 까치가 각각 둥지를 틀고 새끼를 낳았다. 그런데 어미새 한 마리가 매에게 잡혀가자 두 새끼는 어미를 잃고 슬피 울었다. 다른 어미 까치가 막 제 새끼에게 먹이를 주고 있을 때 어미 잃은 새끼들을 보고 불쌍히 여겨 둥지로 달려가서 구하려 했다. 그리고는 새끼를 곧바로 물어다가 한 곳에 두고 먹이를 주었다.

(『우초신지虞初新志』에 실려 있다.)

大慈山之陽, 有拱木. 上有二鵲, 各巢而生子. 其母一爲鷙鳥所搏, 二子失母, 其鳴啁啁. 其一方哺子, 見而憐之, 赴而救之. 卽銜置一處哺之, 若其子然. (『虞初新志』)

---

* 대자산(大慈山) : 절강성(浙江省) 항주(杭州)에 있는 산 이름이다.

衢州里胥至貧民家苛賦民袛有一哺雞擬烹之胥止勿殺後再至見雞率群雛向前踊躍有似相感之狀胥行百步遇虎忽見雞飛撲虎眼胥因奔免

虞初新志

智能勝力

닭의 보은 [智能勝力]

　구주衢州, 지금의 浙江省 서쪽에 위치의 이장里長이 세금을 독촉하러 가난한 백성의 집에 갔다. 그 백성에게는 새끼 딸린 암탉 한 마리만 있었다. 그런데 백성이 닭을 삶으려 하자 이장이 죽이지 말라고 말렸다. 그 뒤 이장이 다시 집을 찾았을 때 닭이 병아리들을 데리고 앞으로 뛰어오르며 감사하는 듯한 모습을 보였다. 이장이 백 걸음쯤 걸어가다 호랑이를 만났는데 갑자기 닭이 날아와 호랑이의 눈을 쳤다. 이장은 그 틈에 달아나 죽음을 면할 수 있었다.

　(『우초신지虞初新志』에 실려 있다.)

　衢州里胥, 至貧民家督賦. 民祇有一哺雞, 擬烹之, 胥止勿殺. 後再至, 見雞率群雛, 向前踴躍, 有似相感之狀. 胥行百步遇虎, 忽見雞飛撲虎眼, 胥因奔免. (『虞初新志』)

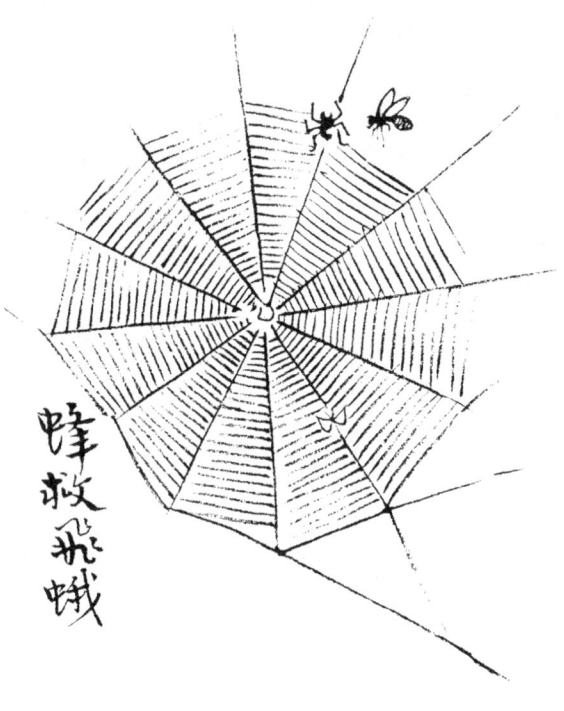

蜂救飛蛾

太倉張用良素惡胡蜂螫人見即撲殺之嘗見一飛蟲投于蛛網蛛束縛之甚急忽一蜂來螫蛛蛛避蜂數含水濕蟲久之得脫去因感蜂義自是不復殺蜂

虞初新志

나방을 구한 벌 [蜂救飛蛾]

태창현太倉縣:지금의 江蘇省 太倉縣의 장용량張用良은 평소 말벌이 사람을 쏘는 것을 미워해 말벌만 보면 쳐서 죽였다. 일찍이 한 마리 벌레가 거미줄에 걸린 것을 보았는데, 거미가 벌레를 급히 묶고 있었다. 갑자기 말벌 한 마리가 날아와 거미를 쏘자 거미가 피했다. 말벌은 물을 여러 번 물어와 벌레를 적셔 주었다. 오랜 시간이 지나자 벌레는 거미줄에서 벗어날 수 있었다. 장용량은 말벌의 의로움에 감동하여 그날 이후로는 말벌을 죽이지 않았다.

(『우초신지虞初新志』에 실려 있다.)

太倉張用良, 素惡胡蜂螫人, 見即撲殺之. 嘗見一飛蟲, 投于蛛網, 蛛束縛之, 甚急. 忽一蜂來螫蛛, 蛛避, 蜂數含水濕蟲, 久之得脫去. 因感蜂義, 自是不復殺蜂. (『虞初新志』)

鄰告

常州陳四畜黑白二鵝，兩巢相並各哺數雛。一日黑者死，眾雛失怙悲鳴。白者每晨至其巢呼雛與己雛同啄，晚必先領歸巢，始引己雛入宿，人皆見而義之。

虞初新志

의로운 거위[鄰居]

상주常州, 지금의 江蘇省의 진사陳四는 검은색과 흰색 거위 두 마리를 길렀다. 두 거위는 둥지를 나란히 틀고 각자 새끼들을 키우고 있었다. 어느 날 검은색 거위가 죽자 여러 새끼들이 어미를 잃고 슬피 울었다. 이에 흰색 거위가 새벽마다 검은색 거위의 둥지로 가서 새끼들을 불러내어 자기 새끼들과 함께 먹이를 쪼아 먹게 했다. 해가 지면 흰색 거위는 먼저 검은색 거위 새끼들을 둥지로 돌려보낸 뒤, 비로소 자기 새끼를 데리고 들어가 잤다. 이를 본 사람들은 모두 흰색 거위의 의로움을 칭찬했다.

(『우초신지虞初新志』에 실려 있다.)

常州陳四, 畜黑白二鵝. 兩巢相幷, 各哺數雛. 一日, 黑者死, 衆雛失怙悲鳴, 白者每晨至其窠, 呼雛與己雛同啄, 晚必先領歸窠, 始引己雛入宿, 人皆見而義之. (『虞初新志』)

捕盗

崇寧間東阿董熙載飲于村落醉埽墜馬卧道次馬韁持于手忽有盜盡解其衣又欲其馬方俯首取鞯馬遽嚙盜髻不得去遠熙載醉醒盡復取所失物馬始縱盜

陶朱新録圖

도둑을 잡은 말[捕盜]

　숭령崇寧 연간, 동아東阿에 사는 동희재董熙載가 마을에서 술을 마시고 취해서 돌아오다가 말에서 떨어져 길가에 누워 있으면서 말고삐를 손에 쥐고 있었다. 그런데 갑자기 도둑이 나타나 그의 옷을 홀딱 벗기고 말까지 훔치려 했다. 도둑이 고삐를 잡으려 머리를 숙이자 말이 갑자기 도둑의 상투를 물어서 갈 수가 없었다. 동희재가 술이 깬 뒤 잃어 버린 물건을 모두 되찾은 뒤에야 말이 도둑을 놓아주었다.

　(『도주신록陶朱新錄』에 실려 있다.)

　　崇寧間, 東阿董熙載飮于村落, 醉歸墜馬, 臥道次, 馬韁持于手. 忽有盜盡解其衣, 又欲其馬. 方俯首取韁, 馬遽囓盜髻, 不得去. 逮熙載醉醒, 盡復取所失物, 馬始縱盜. (『陶朱新錄』)

問世間情是何物
直教生死相許
　元好問詞句

元裕之好問于金泰和乙丑赴試并州道逢捕雁者捕得二雁一死一脫網去其脫網者空中盤旋哀鳴亦投地死裕之遂以金贖浮二雁瘞汾水旁壘石為識號曰雁邱

廣陽新志

생사를 함께한 기러기 부부 [問世間, 情是何物, 直敎生死相許(元好問詞句)]

유지裕之 원호문元好問이 금金나라 태화泰和 을축乙丑, 1205년에 병주幷州로 시험을 치르러 가던 도중에, 기러기 사냥꾼을 만났다. 사냥꾼은 두 마리 기러기를 잡았는데 한 마리는 죽고, 한 마리는 그물을 벗어나 달아났다. 달아난 기러기는 공중에서 빙빙 돌며 서글프게 울다가 땅에 몸을 던져 죽었다. 원호문은 돈을 주고 두 마리 기러기를 사들여 분수汾水 옆에 묻어 주고 돌을 쌓아 표식을 한 뒤 '기러기 무덤'이라 이름 붙였다.

(『우초신지虞初新志』에 실려 있다.)

元裕之好問, 于金泰和乙丑, 赴試幷州. 道逢捕雁者, 捕得二雁, 一死, 一脫網去. 其脫網者, 空中盤旋哀鳴, 亦投地死. 裕之遂以金贖得二雁, 瘞汾水旁, 壘石爲識, 號曰 "雁邱". (『虞初新志』)

唐時北平王家有二貓同日生子者其一死焉有二子飲于死母，且死其鳴咿々其一方乳已子若聞之起而听走而救銜其一置于其棲又往如之返而乳之若己子然。

虞初新志

托孤

고아를 맡은 고양이 [托孤]

　당唐나라 때 북평왕北平王의 집에 같은 날 새끼를 낳은 두 마리의 고양이가 있었다. 그 중 한 마리가 죽자, 죽은 어미의 두 새끼가 젖을 빨았으나, 어미는 이미 죽어 새끼들은 울기만 했다. 다른 고양이는 자기 새끼에게 젖을 먹이다가 어미 잃은 새끼들이 우는 소리를 듣고는 일어나 귀를 기울이더니 달려가서 새끼들을 구했다. 한 마리를 물어다가 자기 둥지에 놓고, 다시 가서 나머지 한 마리도 같은 방식으로 데려왔다. 그리고는 돌아와 자기 새끼처럼 젖을 먹여 주었다.

　(『우초신지虞初新志』에 실려 있다.)

　唐時北平王家, 有二貓同日生子者. 其一死焉, 有二子飮于死母, 母且死, 其鳴咿咿. 其一方乳己子, 若聞之, 起而聽, 走而救. 銜其一置于其棲, 又往如之. 返而乳之, 若己子然. (『虞初新志』)

程易門在烏魯木齊一夕有盜入室已踰牆將出所畜犬追囓其足盜抽刀斫之至死囓終不釋因就擒時易門有僕曰龔起龍方負心反噬皆曰程太守家有二異一人面獸心一獸面人心

閱微草堂筆記

捨身追盜

충직한 개의 죽음 [捨身追盜]

정역문程易門이 오로목재烏魯木齊, 우루무치(Urumchi, 중국 신장(新疆)의 성도(省都))에 있을 때의 일이다. 어느 날 밤, 도둑이 방으로 들어왔다가 담을 넘어 나가려는 순간, 정역문이 기르던 개가 쫓아가 도둑의 발을 물었다.

도둑이 칼을 뽑아 개를 베어 죽였으나 개는 끝까지 놓지 않아 결국 도둑은 붙잡혔다. 이때 정역문의 종인 공기룡龔起龍이란 자가 있었는데, 그는 주인을 배신하고 해치려 했다. 사람들은 이에 대해 말했다.

"정대수의 집안에는 두 가지 기이한 것이 있으니, 하나는 사람의 얼굴에 짐승의 마음을 가진 자요, 다른 하나는 짐승의 얼굴에 사람의 마음을 가진 자다."

(『열미초당필기閱微草堂筆記』에 실려 있다.)

程易門在烏魯木齊. 一夕, 有盜入室, 已踰墻將出, 所畜犬追囓其足. 盜抽刀斫之, 至死, 囓終不釋, 因就擒. 時易門有僕曰龔起龍, 方負心反噬. 皆曰:"程太守家有二異, 一人面獸心, 一獸面人心."(『閱微草堂筆記』)

拯溺

偽蜀渠陽鄰山有富民王行思嘗養一馬甚愛之飼秣甚于他馬一日乘注本郡遇夏潦暴漲舟子先渡馬回舟以迎行思至中流風起船覆其馬自岸奔入駭浪接其主蒼茫之中遂免沈溺。

虞初新志圖

물에 빠진 주인을 구한 말[拯溺]

위촉僞蜀 때 거양渠陽, 지금의 湖南省 靖州縣 渠陽鎭의 인산鄰山에 부유한 백성인 왕행사王行思가 있었다. 일찍이 한 마리 말을 길렀는데 몹시 아껴 다른 말보다 더 잘 먹이며 길렀다. 어느 날 말을 타고 본군本郡으로 가던 중 여름 장맛비로 강물이 갑자기 불어났다. 뱃사공이 먼저 말을 건네준 뒤 배를 돌려 그를 태웠는데, 강 중류에 이르러 바람이 불어 배가 뒤집혔다. 이때 말이 강기슭에서 달려와 거센 물결 속으로 뛰어들어 주인에게 다가갔다. 주인은 망망한 물결 속에서 갑작스레 익사할 위기를 면할 수 있었다.

(『우초신지虞初新志』에 실려 있다.)

僞蜀渠陽鄰山, 有富民王行思. 嘗養一馬, 甚愛之, 飼秣甚于他馬. 一日, 乘往本郡, 遇夏潦暴漲. 舟子先渡馬, 回舟以迎行思, 至中流, 風起, 船覆. 其馬自岸奔入駭浪, 接其主. 蒼茫之中遽免沈溺. (『虞初新志』)

舅氏張公夢徵言所居吳家庄
西一丐者死于路所畜犬守之
不去夜有狼來啖其尸犬奮噬
不使前俄諸狼大集犬力盡踣
遂併為所啖惟存其首尚雙目
怒張皆如欲裂有田戶守夜田
者親見之。

閱微草堂筆記

守尸友尸

충견의 최후 [守亡友尸]

외삼촌인 장몽징張夢徵 공이 말씀하셨다.

"살던 곳이 오가장吳家庄의 서쪽이었다. 한 거지가 길에서 죽었는데 그가 기르던 개가 시신을 지키며 떠나지 않았다. 밤이 되자 이리가 와서 시신을 먹으려 하자 개는 분노하며 이리를 물어 시신 가까이 오지 못하게 했다. 이내 이리 떼가 모여들자 개는 맞서다가 힘이 다해 쓰러졌고, 결국 이리들에게 먹혀 버렸다. 오직 개의 머리만 남았는데 여전히 두 눈이 부릅뜨고 화가 난 듯 눈이 찢어질 듯 노려보고 있었다. 어떤 농가에서 외밭을 지키던 자가 이를 직접 보았다."

(『열미초당필기閱微草堂筆記』에 실려 있다.)

舅氏張公夢徵言:所居吳家庄西. 一丐者死于路所, 畜犬守之不去. 夜有狼來啖其尸, 犬奮嚙不使前. 俄諸狼大集, 犬力盡踣, 遂併爲所啖. 惟存其首, 尚雙目怒張, 眥如欲裂. 有田戶守瓜田者親見之. (『閱微草堂筆記』)

邠州屠者安姓家有牝羊并羔，一日欲刲其母縛架上之次，其羔忽向安雙跪前膝兩目涕零。安驚異良久遂致刀于地去呼童稚共事刲宰及廻遂失刀乃為羔銜之致牆根下而卧其上，屠遍索方覺遂幷釋之放生焉。

虞初新志

為母乞命

어미의 목숨을 구한 양[爲母乞命]

빈주邠州, 지금의 陝西省 彬縣의 백정 안씨의 집에 어미 양과 새끼 양이 있었다. 어느 날 어미 양을 잡으려 묶어서 도살대에 올려놓는 참이었는데, 새끼 양이 갑자기 안씨를 향해 앞다리를 꿇고 두 눈에서는 눈물을 뚝뚝 흘렸다. 안씨는 한참 놀라다가 드디어 칼을 땅에 내려놓고 가서 아이들을 불러 함께 도살하려 했다. 돌아와 보니 갑자기 칼이 사라져 버렸다. 새끼 양이 칼을 물어다가 담 밑에 가져다 놓고 그 위에 누워 있었다. 백정이 사방을 찾다가 이를 깨닫고는 어미 양과 새끼 양을 모두 놓아주었다.

(『우초신지虞初新志』에 실려 있다.)

邠州屠者安姓家, 有牝羊並羔. 一日, 欲刲其母, 縛架上之次, 其羔忽向安雙跪前膝, 兩目涕零. 安驚異良久, 遂致刀于地, 去呼童稚, 共事刲宰. 及廻, 遽失刀. 乃爲羔銜之, 致牆根下, 而臥其上. 屠遍索方覺, 遂幷釋之, 放生焉. (『虞初新志』)

晉泰興二年,吳人華隆好弋獵,畜一犬號曰的尾,每將自隨。隆後至江邊,被一大蛇圍繞周身,犬遂咋蛇死焉,而華隆僵仆無所知矣。犬彷徨嘷吠,往復路間,家人怪其如此,因隨犬往隆悶絕委地,載歸二日乃蘇,隆未蘇之際,犬終不食。

虞初新志

忠勇

주인을 구한 개 [忠勇]

진晉나라 태흥泰興 2년319에 오吳나라 사람 화륭華隆은 사냥을 좋아했다. 그는 '적미的尾'라는 이름의 개 한 마리를 길렀는데 늘 데리고 다녔다. 어느 날 화륭이 강가에 이르렀을 때 큰 뱀 한 마리에게 온 몸이 휘감겼다. 개가 뱀을 물어 죽였지만, 화륭은 몸이 굳은 채 쓰러져서 의식을 잃었다. 개는 주변을 배회하며 짖어 대고, 길가를 왔다 갔다 했다. 집안 사람들이 이를 이상히 여겨 개를 따라가 보니, 화륭이 까무러쳐서 땅에 쓰러져 있었다. 화륭은 집으로 실려온 뒤 이틀이 지나서야 깨어났다. 화륭이 깨어나지 못하는 동안 개는 끝내 먹지 않았다.

(『우초신지虞初新志』에 실려 있다.)

晉泰興二年, 吳人華隆, 好弋獵. 畜一犬, 號曰 "的尾", 每將自隨. 隆後至江邊, 被一大蛇圍繞周身. 犬遂咋蛇, 死焉, 而華隆僵仆無所知矣. 犬彷徨嗥吠, 往復路間. 家人怪其如此, 因隨犬往, 隆悶絕委地. 載歸, 二日乃蘇. 隆未蘇之際, 犬終不食.
(『虞初新志』)

天长县民戴某朝出，其妻牧牛于野平昔豢犬随之，俄入草芥不出。戴妻牵牛寻之，未百步，见虎攫丛而食犬。虎见人至，弃犬趁人，戴已为虎搏矣。牛见主有难，忿然而前。虎又释人而应牛，二物交加哮吼。虎张爪牙，牛以二角奔击，逾时牛竟胜虎。戴乃得免。

虞初新志

除暴

호랑이를 물리친 소[除暴]

천장현天長縣:지금의 安徽省 天長縣 백성인 대戴 아무개는 아침에 나갔고, 그 아내는 들판에서 소를 치고 있었다. 평소 기르던 개가 따라 왔는데, 잠시 후 풀 속으로 들어가더니 나오지 않았다. 대씨의 아내가 소를 끌고 가다가 백 보도 안 되어 호랑이가 덤불에서 개를 잡아 먹고 있는 것을 발견했다. 호랑이가 사람이 온 것을 보고 개를 버린 채 사람에게 달려 들었고, 대씨의 아내는 이미 호랑이에게 붙잡혔다. 소가 주인의 위험을 보고 분노하여 앞으로 나갔다. 그러자 호랑이는 사람을 놓고 소와 맞섰다. 호랑이와 소가 번갈아 울부짖으며, 호랑이는 발톱을 세우고 이빨을 드러내자 소는 두 개의 뿔로 들이받았다. 한참 뒤 소가 마침내 호랑이를 이기고 대씨의 아내는 죽음을 면할 수 있었다.

(『우초신지虞初新志』에 실려 있다.)

天長縣民戴某, 朝出, 其妻牧牛于野. 平昔豢犬隨之, 俄入草芥不出. 戴妻牽牛尋之, 未百步, 見虎據叢而食犬. 虎見人至, 棄犬趨人, 戴已爲虎搏矣. 牛見主有難, 忿然而前. 虎又釋人而應牛. 二物交加哮吼, 虎張爪牙, 牛以二角奔擊. 逾時, 牛竟勝虎, 戴乃得免. (『虞初新志』)

華湖繆八判官愛畜禽獸蟲魚之屬有孔雀生卵兩枚取以與母雞哺之半月餘果出二雛一雄一雌繆大喜兩雛漸長身高二三尺犹視雞為母飛鳴宿食刻⺊相隨殊不自知其羽毛之多彩而母雞行動居止喔⺊相呼亦不自知其族類之不同也大凡覆育之恩雖禽獸亦知之。

梅溪叢話

覆育之恩

닭이 기른 공작새 [覆育之恩]

　무호蕪湖, 安徽省 동부에 있는 도시의 무팔繆八 판관判官은 금수와 벌레와 물고기 등을 기르는 것을 좋아했다. 공작새가 알 두 개를 낳자, 이를 가져다가 어미 닭에게 품게 했다. 보름쯤 지나자 과연 새끼 두 마리가 태어났다. 한 마리는 수컷이었고 다른 한 마리는 암컷이었다. 무팔은 크게 기뻐하였다. 새끼 두 마리가 차츰 자라 키가 두세 자에 이르렀지만, 여전히 닭을 어미로 여기며 날고 울며 자고 먹는 것을 항상 따라했고, 자신의 깃털이 다채로운 빛깔인지도 알지 못했다. 어미 닭도 자신의 행동과 꼬끼오하는 소리로 새끼들을 부르며, 자신이 다른 새라는 것을 전혀 알지 못했다. 무릇 길러준 은혜는 비록 금수라도 알게 마련이다.

　(『매계총화梅溪叢話』에 실려 있다.)

　蕪湖繆八判官, 愛畜禽獸蟲魚之屬. 有孔雀生卵兩枚, 取以與母雞哺之. 半月餘, 果出二雛, 一雄一雌, 繆大喜. 兩雛漸長, 身高二, 三尺, 猶視雞爲母, 飛鳴宿食, 刻刻相隨, 殊不自知其羽毛之多彩, 而母雞行動居止, 喔喔相呼, 亦不自知其族類之不同也. 大凡覆育之恩, 雖禽獸亦知之. (『梅溪叢話』)

泰州盐场僧寺楼窗外树上有鹳巢焉雌鹳伏卵其间村民伺雌鹳食潜以鹅卵易之鹳不知也久之雏破卵出则鹅也雄鹳讶其不类谓雌与他禽合怒而噪之雌者鸣而已既而雄者飞去少顷诸鹳群集视其雏咸向雌而噪雌者垂以自明以喙钻墙隙死吴嘉记野人作诗纪其事

虞初新志

讶其不类

억울한 황새 [訝其不類]

태주泰州 염장塩場에 있는 절에 누대 창문 밖 나무 위에 황새 둥지가 있었다. 암컷 황새가 둥지에서 알을 품고 있었다. 그런데 마을 사람들이 암컷이 먹을 것을 구하러 간 틈을 타서 몰래 거위 알로 황새 알을 바꿔치기 했지만 황새는 알지 못했다. 시간이 지나 알에서 새끼가 나왔는데 거위였다. 수컷 황새는 자신과 다른 것을 이상히 여겨 암컷이 다른 새와 바람을 폈다고 의심하며 분노하여 소리쳤다. 그러자 암컷은 울부짖을 뿐이었다. 얼마 후 수컷이 날아가더니, 잠시 후 황새들이 무리를 지어 모여들어 새끼를 살펴보고는 모두 암컷을 향해 시끄럽게 울부짖었다. 암컷은 자신의 결백을 증명할 길이 없자 부리로 담장 틈을 파고 들어가 스스로 목숨을 끊고 말았다. 야인野人 오가기吳嘉紀* 가 시를 지어서 이 일을 기록했다.

(『우초신지虞初新志』에 실려 있다.)

---

* 오가기(吳嘉紀, 1618~1684) : 명말청초(明末淸初)의 시인이다. 그의 시(詩)는 맹교(孟郊), 가도(賈島)의 시풍을 따랐고, 언어가 간략하면서 통속적이고 백성들을 질고를 반영한 것이 많았다.

泰州鹽場僧寺樓窻外樹上有鸛巢爲雌鸛伏卵其間村民伺雌負食潛以鵝卵易之鸛不知也久之雛破卵出則鵝也雄鸛訝其不類雛與他禽合怒而嘷之雌者鳴而已既而雄者飛去少頃諸鸛群集視其雛咸向雌而嘷雌者要以自明以喙鑽牆隙死吳嘉記野人作詩紀其事

盧构新志圖

訝其不類

泰州塩場僧寺, 樓窓外樹上有鸛巢焉. 雌鸛伏卵其間, 村民伺雌覓食, 潛以鵝卵易之, 鸛不知也. 久之, 雛破卵出, 則鵝也. 雄鸛訝其不類, 謂雌與他禽合, 怒而噪之. 雌者亦鳴而已. 既而雄者飛去, 少頃, 諸鸛群集視其雛, 咸向雌而噪. 雌者無以自明, 以喙鑽牆隙死. 吳嘉紀野人作詩紀其事. (『虞初新志』)

太和中楊生養狗甚愛之一日闇行墮于空井中狗呻吟激曉有人過怪之注視見生在井生曰出我當厚報君人曰以此狗相與便當相出生曰此狗曾活我于已死不得相與餘卽無惜人曰若尔便不相出狗因下頭向井生知其意乃語人以狗相与人乃出之繫狗而去後五日狗夜走歸

廣初新志

慧犬

충직한 개의 귀환 [慧犬]

태화太和, 366~371 연간에 양생은 개를 길렀는데 끔찍이 아꼈다. 어느날 어두운 곳을 가다가 빈 우물 속에 빠졌는데, 개는 밤새도록 낑낑대며 울었다. 그러다가 지나가던 사람이 이를 이상히 여겨 가보니, 양생이 우물에 빠져 허우적대고 있었다.

양생이 말하였다.

"나를 꺼내주면 반드시 당신에게 후하게 보답 하겠소."

그 사람이 말하였다.

"이 개를 준다면 곧바로 꺼내주겠소."

양생이 말했다.

"이 개는 이미 나를 죽을 고비에서 구해준 적이 있으니 줄 수는 없소, 다만 다른 것은 아무 것도 아끼지 않겠소."

그 사람이 말했다.

"그렇다면 꺼내 드릴 수 없소."

그 순간 개가 고개를 숙여 우물을 바라보았다. 양생이 그 뜻을 알아차리고서 그 사람에게 개를 주겠다 말했다. 그 사람이 양생을 꺼내주고 개를 묶어 데려갔다. 닷새 뒤에 개가 야반도주해서 돌아왔다.

太和中楊生養狗甚愛之一日闇
行墮于空井中狗呻吟徹曉有人
過怪之注視見生在井生曰出我
當厚報君人曰以此狗相與便當
相出生曰此狗曾活我于已死不
得相與餘即無惜人曰若爾便不
相出狗因下頭向井生知其意乃
語人以狗相與人乃出之繫狗而
去後五日狗夜走歸

慧犬

(『우초신지虞初新志』에 실려 있다.)

太和中, 楊生養狗, 甚愛之. 一日, 闇行墮于空井中, 狗呻吟徹曉. 有人過, 怪之, 往視, 見生在井. 生曰:"出我, 當厚報君." 人曰:"以此狗相與, 便當相出." 生曰:"此狗曾活我于已死, 不得相與, 餘即無惜." 人曰:"若爾, 便不相出." 狗因下頭向井. 生知其意, 乃語人以狗相與. 人乃出之, 繫狗而去. 後五日, 狗夜走歸. (『虞初新志』)

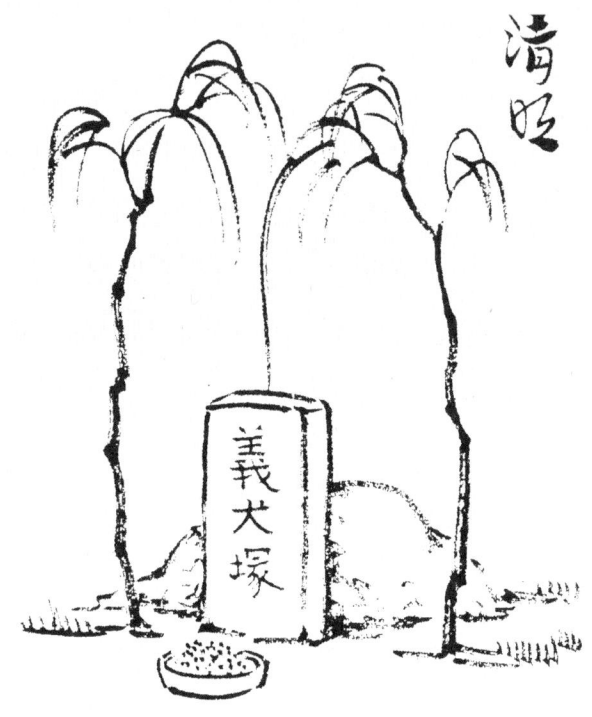

清明

孫吳時襄陽紀信純一犬名烏龍行住相隨一日城外大醉歸家不及臥草中太守鄧瑕出獵縱火熱草犬以口銜純衣不動有溪相去三五十步犬入水濕身來臥處週迴以身濕之火至濕處即滅犬困乏致斃于側信純獲免醒見犬死毛濕觀火蹤跡因而痛哭聞于太守命具棺衾葬之今紀南有義犬塚

虞初新志

주인을 구한 개[淸明]

오吳나라 때 양양襄陽:지금의 湖北省 서북부에 위치 사람 기신순紀信純은 오룡烏龍이라는 개를 길러 항상 데리고 다녔다. 어느 날 성 밖에서 크게 취해 집에 돌아오다가 집에 돌아가지 못하고 풀밭에 누워 있었다. 그런데 태수太守 등하鄧瑕가 사냥을 나왔다가 불을 놓아서 풀을 불살랐다. 개는 기신순의 옷을 물어 끌려 했지만 기신순은 꼼짝도 하지 않았다. 시내가 30~50 걸음 떨어진 곳에 있었는데, 개는 물 속에 들어가 몸을 적신 후 기신순이 누워 있는 곳으로 와서 주변을 자기 몸으로 적셨다. 불이 물에 적신 곳에 이르러 곧바로 꺼졌지만, 개가 피로에 지쳐 기신순의 옆에서 죽고 말았다. 이로써 기신순은 죽음을 면할 수 있었다. 기신순이 술에서 깨어나 보니 개는 털이 젖은 채로 죽어 있었고, 불 탄 흔적만이 남아있었다. 그는 이것을 보고 통곡했다. 이 소식이 태수에게 전해지자 태수는 관곽棺槨과 염습을 갖추어 개를 장례 지내도록 명했다. 지금도 기남紀南:지금의 荊州에 위치에는 '의견총義犬塚'이 남아있다.

(『우초신지虞初新志』에 실려 있다.)

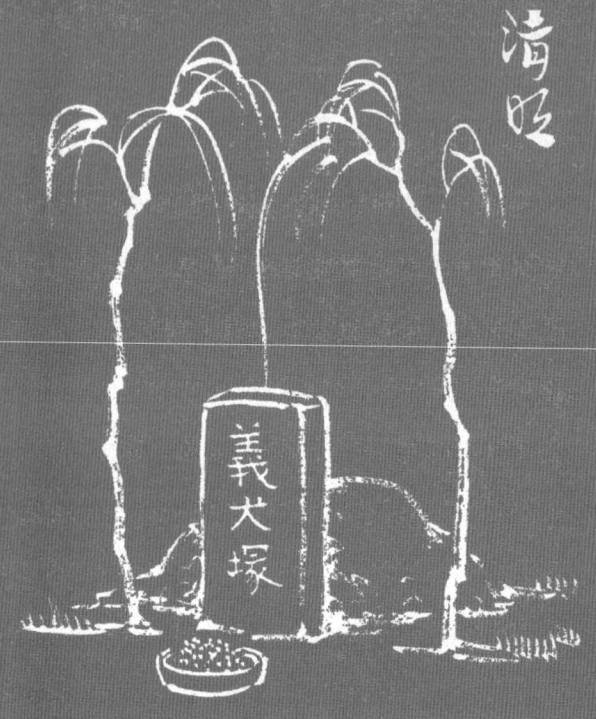

清明

孫吳時襄陽紀信純一大名烏龍行住相隨一日城外大醉歸家不及臥草中太守鄧瑕出獵縱火熟草犬以口銜純衣不動有溪相去三五十步犬入水溼身來卧處週以身溼之火至溼處即滅大困乏致斃于側信純獲免醒見犬死毛溼觀火蹤跡因而痛哭聞于太守命具棺衾葬之今紀南有義犬塚

廣物新志

孫吳時, 襄陽紀信純一犬名"烏龍", 行往相隨. 一日, 城外大醉, 歸家不及, 臥草中. 太守鄧瑕出獵, 縱火爇草. 犬以口銜純衣不動. 有溪相去三,五十步, 犬入水濕身來臥處, 週迴以身濕之. 火至濕處即滅, 犬困乏致斃于側, 信純獲免. 醒見犬死毛濕, 觀火蹤跡, 因而痛哭. 聞于太守, 命具棺衾葬之. 今紀南有"義犬塚". (『虞初新志』)

表繫值蕭道成將革命自以身受顧託謀起義遂遇害有兒方數歲乳母攜授蔡門生狄靈慶上曰吾聞出郎君者厚賞乳母猥呼曰公昔有恩于汝故冒難歸汝若殺郎君以求利神明有知行見汝族滅也兒竟死兒存時嘗騎一大狻狗戲死後年餘忽有狗入慶家遇慶于庭齧殺之併其妻即向所騎狗也

虞初新志

復仇

주인의 원수를 갚은 개[復仇]

원찬袁粲은 소도성蕭道成이 왕위를 찬탈하려는 음모를 꾸미자, 자신이 고명대신顧命大臣으로서 의병을 일으켰으나 결국 살해당했다. 그에게는 겨우 서너 살 된 어린 아들이 남았는데, 유모가 아이를 품에 안고 원찬의 제자 적영경狄靈慶에게로 달려갔다.

적영경이 말하였다.

"아이를 넘겨주는 자에게 상금을 준다는 소문을 들었소."

유모가 눈물을 흘리며 울부짖었다.

"공께서는 당신에게 은혜를 베푼 적이 있소. 그래서 위험을 무릅쓰고 당신에게 의탁하러 온 것이오. 만약 아이를 죽여 이익을 구한다면, 천지신명이 아는 바가 있을 것이니 당신 집안이 멸족되는 것을 보게 될 것이오!"

결국 아이는 죽임을 당했다. 이 아이가 살아있을 때 일찍이 큰 개 한 마리를 타고 놀곤 했다. 아이가 죽은 지 약 일 년 후, 어느 날 갑자기 그 개가 적영경의 집 뜰로 뛰어들어와 적영경을 만나자 물어 죽였고, 그의 아내까지도 물어 죽였다. 그것은 바로 전에 (아이가) 타고 놀던 그 개였다.

(『우초신지虞初新志』에 실려 있다.)

表繫值蕭道成將革命自以身受顧
託謀起義遂過害有兒方數歲乳母
攜投琴門生狄靈慶曰吾聞出郎
君者厚賞乳母號呼曰公昔有恩于
汝故冒難歸汝若殺郎君以求利神
明有知行見汝族滅也兒竟死兒存
時甫騎一大狗戲死後年餘忽有
狗入慶家遇慶于庭齒殺之併其妻
即向所騎狗也

虞初新志

復仇

袁粲值蕭道成將革命, 自以身受顧託, 謀起義, 遂遇害. 有兒方數歲, 乳母携投粲門生狄靈慶. 慶曰:"吾聞出郎君者厚賞." 乳母號呼曰:"公昔有恩于汝, 故冒難歸汝. 若殺郎君以求利, 神明有知, 行見汝族滅也." 兒竟死. 兒存時, 嘗騎一大狻狗戲. 死後年餘, 忽有狗入慶家, 遇慶于庭, 嚙殺之, 併其妻, 即向所騎狗也. (『虞初新志』)

某氏園亭中有古樹鵲巢其上伏卵將雛一日二鵲徊翔屋上悲鳴不已頃之有數鵲相向漸鳴漸近百首皆向巢忽數鵲對噪鳴若相語狀颭去少頃一鶴橫空來闖：有聲鵲点尾其後群鵲相向而噪若有所訴鶴復作聲若允所請瞥而上搏巢衔一赤蛇吞之群鵲喧舞若慶且謝者蓋鵲招鶴搏蛇相救也

虞初新志

助弱滅強

새들의 연합 [助弱減强]

어느 사람의 정원 안에 오래된 나무 한 그루가 서있었다. 까치가 그 나무 위에 둥지를 틀고, 알을 품어 새끼를 키우고 있었다. 어느 날 두 마리 까치가 지붕 위를 맴돌며 슬피 울기를 그치지 않았다. 얼마 후 까치 몇 마리가 서로 향해서 울며 점점 가까워지더니 백여 마리의 까치가 둥지를 향해 모여들었다. 그러자 까치 몇 마리가 부리를 마주 대고 지저귀며 마치 서로 의논하는 듯하더니 곧장 날아갔다. 잠시 후 한 마리 황새가 하늘을 가로지르며 깍깍 소리를 내자 까치들이 그 뒤를 따랐다. 까치들은 황새를 향해 떠들며 마치 간절히 호소하는 듯했다. 황새가 다시 소리를 내며 까치들의 요청을 받아들인 듯하더니 별안간 둥지로 날아올라 둥지를 헤쳐 붉은 뱀 한 마리를 물어 삼켰다. 그러자 까치들은 소리 내며 춤을 추며 기쁨과 감사를 표현하는 듯했다. 이는 까치가 황새를 불러 뱀과 싸워 새끼를 구하게 한 것이다.

(『우초신지虞初新志』에 실려 있다.)

某氏園亭中有古樹. 鵲巢其上, 伏卵將雛. 一日, 二鵲徊翔屋上, 悲鳴不已. 頃之, 有數鵲相向, 漸鳴漸近, 百首皆向巢.

某氏園亭中有古樹鵲巢其上伏卵將雛一日二鵲徊翔屋上悲鳴不已頃之有數鵲相向漸近百首皆句單忽數鵲對啄鳴若相語狀颺去少頃一鵲橫空來闖有聲鵲點尾其後群鵲相問而噪若有所訢鵲復作聲若允所請而上搏一蛇吞之群鵲喧舞且謝者蓋鵲招鸛搏蛇相救也

慮初齋志

助弱滅強

忽數鵲對喙鳴, 若相語狀, 颺去. 少頃, 一鸛橫空來, 閣閣有聲, 鵲亦尾其後. 群鵲相向而噪, 若有所訴. 鸛復作聲, 若允所請, 瞥而上擣巢, 銜一赤蛇吞之. 群鵲喧舞, 若慶且謝者. 盖鵲招鸛搏蛇相救也. (『虞初新志』)

同治庚午歲湖北咸寧鄉間頗有虎患有盛氏兒牧牛於郊突與虎遇兒送牛背墜地牛以身庇之奮其角與虎鬥不勝有他牛來助之虎乃去盛氏兒浮不死而所牧牛竟以重傷而死于是盛氏民老咸集皆曰此義牛也買棺歛之穴地葬之日為作佛事而使此兒斬衰治其喪若喪所親者然謂之牛孝子

俞曲園筆記

御災

호랑이를 막아낸 소 [禦敵]

　동치同治 경오庚午년에 호북湖北의 함령咸寧 마을에서는 호랑이로 인한 피해가 잦았다. 성씨盛氏 아이가 교외에서 소를 먹이고 있던 중에 갑자기 호랑이와 마주쳤다. 아이는 소 등에서 땅으로 떨어졌고, 소는 몸으로 아이를 가로막으며, 뿔을 휘둘러 호랑이와 맞섰으나 이기지 못했다. 다른 소가 달려와 돕자 호랑이가 물러났고 아이는 목숨을 건질 수 있었다. 그러나 아이를 지키던 소는 중상을 입어 결국 죽고 말았다. 성씨의 어른들이 모여서 말했다.

　"이것은 의로운 소다."

　그들은 관을 마련해 염습을 한 뒤, 땅에 묻어 장례를 치렀다. 매일 불경을 외우며 명복을 빌고 아이에게 아버지의 상복인 참최복斬衰服을 입혀 상을 치르게 했다. 마치 부모가 잃은 것처럼 하였으니 사람들은 이를 '우효자牛孝子'라 불렀다.

(유곡원俞曲園의 『필기筆記』에 실려 있다.)

　同治庚午歲, 湖北咸寧鄕間, 頗有虎患. 有盛氏兒, 牧牛于郊, 突與虎遇, 兒從牛背墜地. 牛以身庇之, 奮其角與虎鬪, 不勝. 有他牛來助之, 虎乃去, 盛氏兒得不死. 而所牧牛, 竟以同治庚午歲湖北咸寧鄉間頗有虎患有咸氏兒牧牛手郊突與虎遇兒送牛背墜地牛以身庇之虎乃逸門不勝有他牛來助之虎竟以重傷而虎鬥不死而所牧牛浮不死而氏兒長老咸集皆曰此義牛死於是咸氏長老咸集皆曰此義牛也買棺斂之穴地葬之日為作佛事而使此兒斬衰治其喪若喪所親者然謂之牛孝子。

俞曲園筆記

重傷而死. 于是盛氏長老咸集, 皆曰:"此義牛也." 買棺斂之, 穴地葬之. 日爲作佛事, 而使此兒斬衰治其喪, 若喪所親者然, 謂之"牛孝子". (俞曲園『筆記』)

为人负米

楊光遠之叛青州也，有孫中舍忘其名，居圍城中，族人在州西別墅，城門既久居圍，城中族人盡舉族愁嘆。有畜大尨內外隔絕，食且盡，舉族愁嘆。有畜大尨徨，其側有憂思，中舍因囑曰：爾能為我至莊取米耶？大搖尾應之。至夜置一布囊并簡繫大背上，犬即由水竇出至莊。取米邪大背上犬即由水竇出至莊。莊人開門識其犬，取簡視之，令負米還，未曉入城。如此數月，比至城開，孫氏闔門數十口獨浮不餒。

澠水燕談錄

주인을 위해 쌀을 날랐던 개 [爲人負米]

양광원楊光遠은 청주青州에서 반란을 일으켰다. 손중사孫中舍는 그 이름은 잊었는데 포위된 성 안에 갇혔고, 그의 친족들은 성 서쪽 별장에 있었다. 성문이 닫힌 지 이미 오래되어 안팎이 단절되자 식량이 떨어져 온 가족이 근심에 빠졌다. 이때 기르던 개가 그 옆에서 근심스러운 듯 어슬렁거렸다.

손중사가 개에게 부탁하여 말했다.

"네가 날 위해 마을에 가서 쌀을 얻어올 수 있겠느냐?"

개는 꼬리를 흔들며 기꺼이 승낙하는 듯 했다. 밤이 되자 손중사는 하나의 베 자루에 편지를 넣어 개 등에 매달았다. 개는 물길을 통해 성을 빠져나가 마을에 이르러 짖었다. 마을 사람이 문을 열고 개를 알아보고는 편지를 가져다 읽고, 개에게 쌀을 지게 해 돌려 보냈다. 개는 새벽 전에 성으로 돌아왔다. 이렇게 몇 달을 반복하자 성문이 열렸을 때 손씨 가족 수십 명만이 굶주리지 않을 수 있었다.

(『승수연담록澠水燕談錄』에 실려 있다.)

楊光遠之叛青州也. 有孫中舍, 忘其名, 居圍城中, 族人在州西別墅. 城閉旣久, 內外隔絶, 食且盡, 舉族愁嘆. 有畜犬彷

為人負米

楊光遠之叛青州也有孫中舍忘其名居圍城中族人在州西別墅城門既久內外隔絶食且盡舉族愁嘆有畜犬傍徨其側有憂思中舍因囑曰爾能為我得其則有麥思中舍因囑曰爾能為我至莊取米和大摇尾應之至夜置之至莊取米和大摇尾應之至夜置一布嚢并簡繫犬脊上犬即由水竇出至莊嚙吠居者開門識其犬取簡視之令負米還未曉入城如此數月比至城開孫氏閤門數十口獨浮不餒

涑水蕭談錄

徨其側,有憂思.中舍因囑曰:"爾能爲我至莊取米耶?"犬搖尾應之.至夜,置之一布囊,幷簡,繫犬背上.犬即由水竇出,至莊鳴吠.居者開門,識其犬,取簡視之,令負米還,未曉入城.如此數月,比至城開,孫氏闔門數十口,獨得不餒.(『澠水燕談錄』)

浙西人劉承節自贛州赴任但與一子一僕乘馬而東至信之貴溪午駐逆旅逢數賈客篋中銀可百兩為客窺見會日暮皆留宿諸賈客皆盜也夜久擇杖入劉對本送軍有贅力揮刀斷其一贅衆懼而散劉走促僕起即去至高岡下與盜遇雖與拒劉僕不敵衆並於僕死焉所乘馬迎之車前局足踏而已退復進按田馬如拜六七返主簿異曰是必有寃訴遣數輩隨馬行到岡畔坡坨下馬浸立滿地血點腥觸人三尸在穴肢體尚暖立替里正訪捕不終朝盡擒並坐誅　夷堅志

攔輿告狀

말의 의로운 호소 [攔輿告狀]

절서浙西 사람 유승절劉承節이 공주贛州에서 부임을 마치고 아들과 종을 데리고 말을 타고서 동쪽으로 돌아가던 중, 신信 지방의 귀계貴溪에 이르러 점심 때가 되어 여관에 들렀다. 그곳에서 장사치 몇 명을 만났다. 유승절의 작은 상자 안에는 은 백 냥가량이 들어 있었는데, 그들이 이를 엿보았다. 해가 저물자 모두 여관에 유숙하게 되었다. 그 장사치들은 사실 도둑이었다. 밤이 깊자 도둑들은 몽둥이를 들고 유승절의 방으로 들어왔다. 유승절은 군대에서 싸운 경험이 있어서 힘이 셌다. 칼을 휘둘러 도둑 한 명의 어깨를 베어버렸다. 그러자 도둑들은 두려워 흩어져 달아났다.

유승절은 종놈을 재촉해 일어나게 하고 곧바로 길을 떠나 높은 산 아래에 이르렀다. 그러나 도둑들과 다시 마주쳤고 비록 그들과 맞서 싸웠으나 수적으로 밀려 유승절과 아들, 종이 모두 죽임을 당했다. 유승절이 타고 있던 말이 길에서 배회하다가 마침 주부主簿가 농경지를 조사하러 나오는 것을 만났다.

말은 수레 앞에서 발을 굽히며 절을 하는 듯한 행동을 하고는 물러났다가 다시 나아가기를 모두 예닐곱 차례나

浙西人劉承節自贛州赴任，但與一子一僕乘馬而東，至信之貴溪午駐逆旅，達數僕客諸賈客皆百兩，為客窺見日暮皆謝賈客諸賈皆有臂力揮刀斷其一臂，眾懼而散。劉宿軍有臂力揮刀斷其一臂，眾懼而散。劉送軍起即去，至高岡下，與盜遇，雜與鄰本劉促僕起即去，至高岡下，與盜遇，雜與鄰走，劉而遂不敢眾，並于僕死焉，所乘馬踶于道，遂主簿出，並于僕死焉，所乘馬拒門而遂主簿出，並于僕死焉，所乘馬迎之，車前局足如拜。已退，復進，肇肆六七返。主簿異之曰必有寃訴遣數輩餉馬，行到岡畔坡坨下，馬沒立滿地血點，捕觸人三屍在穴。尚暖立替，里正訪麥堅志圖。誅暖立替，里正訪麥堅志圖。

攔輿告狀

반복했다. 주부가 이를 이상히 여겨서 말했다.

"이는 반드시 억울한 일을 하소연하려는 것이다."

그는 몇 사람을 보내 말을 따라가게 하니 언덕 가장자리 비탈 아래에 이르자, 말이 꼼짝 않고 서 있었다. 땅에 가득한 핏자국이 있었고 피비린내가 코를 찔렀다. 동굴 안에는 세 사람의 시체가 있었고, 몸에 아직도 온기가 남아 있었다. 주부는 곧바로 이장을 독려해 도둑을 잡게 하니, 아침이 다 가기 전에 모두 잡아 처형했다.

(『이견지夷堅志』에 실려 있다.)

浙西人劉承節, 自贛州赴任, 但與一子一僕, 乘馬而東. 至信之貴溪, 午駐逆旅, 逢數賈客. 篋中銀可百兩, 爲客窺見. 會日暮, 皆留宿. 諸賈客皆盜也, 夜久操杖入劉室. 劉本從軍, 有膂力, 揮刀斷其一臂, 衆懼而散走. 劉促僕起, 即去至高岡下, 與盜遇. 雖與拒鬪, 而寡不敵衆, 幷子,僕死焉. 所乘馬躑躅于道, 適主簿出按田. 馬迎之車前, 局足如拜, 已退復進, 凡六,七返. 主簿異之, 曰:"是必有冤訴" 遣數輩隨馬行, 到岡畔坡陀下, 馬凝立. 滿地血點, 腥觸人. 三尸在穴, 肢體尚暖. 立督里正訪捕, 不終朝盡成擒, 並坐誅. (『夷堅志』)

正德間有張姓者獲一雁置於中庭明年有雁自天鳴庭雁和之久而天雁自下波此以頸絞死於樓前因名樓曰雙雁樓

虞初新志

기러기의 정절[流芳百世]

정덕正德, 1506~1521 연간, 장씨張氏 성을 가진 사람이 기러기 한 마리를 잡아 정원 한가운데에 놓아주었다. 이듬해 하늘에서 기러기 울음소리가 들리자, 정원에 있던 기러기가 화답하여 울었다. 한참 뒤 하늘의 기러기가 내려오더니, 두 기러기가 누대 앞에서 머리를 맞대고 죽었다. 이에 누대 이름을 '쌍안루雙雁樓'라 했다.

(『우초신지虞初新志』에 실려 있다.)

正德間有張姓者, 獲一雁, 置于中庭. 明年, 有雁自天鳴, 庭雁和之. 久而天雁自下, 彼此以頭絞死于樓前. 因名樓曰 "雙雁樓". (『虞初新志』)

哭友

李邁庵自記自滇遊
回有僕染瘴而死僕
攜有二鸚鵡流淚三
日不休亦死。

虞初新志

울다 죽은 새 [哭友]

이매암李邁庵이 직접 기록한 내용이다. 전演:雲南省 땅에서 놀고 돌아오던 중, 종놈이 풍토병에 걸려서 죽었다. 종놈이 데리고 다녔던 앵무새 두 마리가 눈물을 흘리며 사흘 동안 쉬지 않고 울다가 또한 죽었다.

(『우초신지虞初新志』에 실려 있다.)

李邁庵自記: 自滇遊回, 有僕染瘴而死. 僕携有二鸚鵡, 流淚三日不休, 亦死. (『虞初新志』)

先君向守鄞邑武平素產金絲猿大者難馴小者則其母抱持不少置法當先以藥矢斃其母既中矢度不能自免則以乳汁遍灑林葉間以飲其子然後墮地就死乃取其母皮痛鞭之其子亟悲鳴而下束手就獲蓋每夕必寢其皮而後安否則不可育也噫此所謂獸狀而人心者乎取之者不仁甚矣

齊東野語

母之皮

어미의 가죽 [母之皮]

돌아가신 아버지가 예전에 은강鄞江에서 지방관으로 일하셨다. 소속된 작은 고을인 무평武平은 평소에 금사원金絲猿이 서식하는 곳이었다. 큰 원숭이는 길들이기 어려웠고, 작은 원숭이는 어미가 안고 있어서 절대 놓지 않았다. 작은 원숭이를 사로잡는 비결은 어미를 먼저 독화살로 쏘아 죽이는 것이었다. 어미가 화살에 맞아 스스로 벗어날 수 없음을 깨닫자, 젖을 잎새 사이에다 두루 뿌려 새끼를 마시게 한 뒤에야 땅에 떨어져 죽었다. 사냥꾼들은 어미의 가죽을 가져다가 심하게 채찍질하면 새끼가 급히 슬프게 울며 내려와서 손을 묶여 잡히곤 했다. 새끼는 저녁마다 반드시 어미의 가죽 위에서 잠을 잔 뒤에야 편안해졌으니, 그렇지 않으면 기를 수 없었다. 아! 이것이 이른바 짐승의 모습이지만 사람의 마음을 가진 것이라 하겠다. 이런 동물을 잡는 자들은 지나치게 매정하다.

(『제동야어齊東野語』에 실려 있다.)

先君向守鄞江. 屬邑武平, 素產金絲猿. 大者難馴, 小者則其母抱持不少置. 法當先以藥矢斃其母. 母既中矢, 度不能自

先君向守鄞江，属邑武平素產金丝
猿，大者雖馴，小者則其母抱持不少
置，法當先以藥矢覺其母，既中矢，
度不能自免，則以乳汁遍灑林葉間，
以飲其子，然後墜地就死，乃取其母
皮，痛鞭之，其子亟悲鳴而下，束手就
獲，蓋每夕必寢其皮而後安，否則不
可育也。噫此而謂獸狀而人心者乎，
取之者不仁甚矣。

齊東野語

丹之皮

免, 則以乳汁遍灑林葉間, 以飲其子, 然後墮地就死. 乃取其母皮痛鞭之, 其子亟悲鳴而下, 束手就獲. 蓋每夕必寢其皮而後安, 否則不可育也. 噫! 此所謂獸狀而人心者乎. 取之者不仁甚矣. (『齊東野語』)

逞藝傷生

仁宗讀五代史至周高祖幸南莊臨水亭見双鳧戲于池出沒可愛帝引弓射之一鏃疊貫逆臣稱賀仁宗掩卷謂左右曰逞藝傷生非朕所喜也內臣鄭昭信掌內饔十五年嘗面誡曰動活之物不淨擅烹深惡于殺也

玉壺清話

인종의 인자한 마음 [逞藝傷生]

인종仁宗이 『오대사五代史』를 읽다가 "주고조周高祖가 남쪽 별장에 거둥하여 못 가운데 있는 정자에서 오리 두 마리가 못물에서 노는 것을 보았다. 오리들이 물속으로 들락날락하는 모습이 사랑스러웠다. 황제가 활을 당겨 오리를 쏘았다. 그런데 단 한 번의 발사로 두 마리를 관통하자 따라 다니는 신하들이 활을 잘 쏜다고 칭찬하였다"라는 대목에 이르러, 인종仁宗은 책을 덮고 좌우의 신하들에게 말했다.

"기예를 뽐내며 생명을 해치는 것은 내가 좋아하는 바가 아니다."

내신內臣인 정소신鄭昭信이 내옹內饔을 15년 간 관장하며 일찍이 황제의 면전에서 경계하여 말했다.

"움직이는 생물은 함부로 삶아서는 안됩니다."

이는 살생을 깊이 미워한 태도였다.

(『옥호청화玉壺淸話』에 실려 있다.)

仁宗讀『五代史』, 至周高祖幸南莊, 臨水亭, 見雙鳧戱于池, 出沒可愛. 帝引弓射之, 一發疊貫, 從臣稱賀. 仁宗掩卷謂左右曰 : "逞藝傷生, 非朕所喜也." 內臣鄭昭信, 掌內饔十五年, 嘗

逞藝傷生

仁宗讀五代史至周高祖幸南莊臨水亭見雙鳧戲于池出沒可愛帝引弓射之一發疊貫逡臣稱賀仁宗掩卷謂左右曰逞藝傷生非朕所喜也內臣鄭昭信掌內饔十五年嘗面誡曰動活之物不得擅烹深惡于殺也

玉壺清話

面誡曰:"動活之物,不得擅烹." 深惡于殺也. (『玉壺清話』)

探牢

有人取黄鶯雛養于竹籠中。其雌雄接翼曉夜哀鳴于籠外則更來捕之人或在前畧無所畏積數日不放出籠其雄雌繚繞飛鳴無送而入一投火中一觸籠而死剖腹視之其腸寸斷。

虞初新志

자식을 구하려다 죽은 새 [探牢]

어떤 사람이 꾀꼬리 새끼를 잡아다가 새장에 넣어 길렀다. 어미 새와 아비 새가 함께 날아와, 밤낮으로 새장 밖에서 슬피 울면서 번갈아 가며 먹이를 주었다. 사람이 간혹 앞에 있더라도 조금도 두려워하는 기색이 없었다. 며칠 동안 새장에서 새끼를 내놓지 않으니, 어미와 아비 새는 새장 주위를 날아다니며 울부짖었다. 새장 안으로 들어갈 방법이 없자 한 마리는 불 속으로 뛰어들고 다른 한 마리는 새장에 부딪쳐 죽었다. 두 마리 새의 배를 갈라 보니 창자가 마디마디 끊어져 있었다.

(『우초신지虞初新志』에 실려 있다.)

有人取黃鶯雛, 養于竹籠中. 其雌雄接翼, 曉夜哀鳴于籠外, 則更來捕*之. 人或在前, 略無所畏. 積數日不放出籠, 其雄雌繚繞飛鳴, 無從而入, 一投火中, 一觸籠而死. 剖腹視之, 其腸寸斷. (『虞初新志』)

---

* 원문은 포(捕)로 되어 있는데 포(哺)의 오자로 보인다.

元贞二年，燕人柳汤佐家双燕巢梁，一夕家人持火照蝎，其雄惊坠猫食之，雌朝夕悲鸣哺雏成翼而去。明年雌独来，人视巢有二卵，疑其更偶，徐视之则二穀耳。春秋去来几六载皆然。

虞初新志

横祸

갑작스런 재난[橫禍]

원정元貞 2년1295, 연燕 땅 사람 유탕좌柳湯佐 집 들보에 제비 한 쌍이 둥지를 틀고 살았다. 어느 날 저녁, 집안 사람이 등불로 전갈을 비추던 중, 수컷 제비가 놀라 떨어지자 고양이가 잡아먹었다. 이를 본 암컷 제비는 아침저녁으로 슬피 울며 새끼를 키웠고, 새끼는 날개가 다 자라자 날아갔다. 이듬해, 암컷 제비는 홀로 돌아왔다. 사람들이 둥지에 알 두 개가 있는 것을 보고 짝을 바꾼 것인가 의심했지만, 자세히 보니 알껍데기 두 개뿐이었다. 암컷 제비는 봄에 와서 가을에 떠나기를 6년 동안 거듭했다.

(『우초신지虞初新志』에 실려 있다.)

元貞二年, 燕人柳湯佐家, 雙燕巢梁. 一夕, 家人持火照蝎, 其雄驚墜, 猫食之. 雌朝夕悲鳴, 哺雛成翼而去. 明年, 雌獨來. 人視巢有二卵, 疑其更偶, 徐視之, 則二殼耳. 春秋去來, 凡六載皆然. (『虞初新志』)

顧敬亭稼圃傍有羅者得一雁鍛其羽繫其足立之汀畔以為媒每見雲中飛者必昂首仰視一日其偶者見而下之特然如土委地交頸哀鳴血盡而死

虞初新志

기러기 부부의 마지막 [夫婦]

고경정顧敬亭의 텃밭 옆에 새 그물 친 자가 기러기 한 마리를 잡았다. 기러기의 날개를 잘라내고 다리를 묶어 물가에 세워두고 미끼로 삼았다. 기러기는 구름 속을 나는 동료들을 볼 때마다 머리를 들어 바라보곤 했다. 어느 날 그 기러기의 짝이 이를 보고 아래로 내려왔다. 흙덩이가 땅에 떨어진 것처럼 털썩 주저앉아 목을 서로 감고 슬피 울다가, 피를 다 토하며 죽고 말았다.

(『우초신지虞初新志』에 실려 있다.)

顧敬亭稼圃, 傍有羅者得一雁. 鍛其羽, 繫其足, 立之汀畔以爲媒. 每見雲中飛者, 必昂首仰視. 一日, 其偶者見而下之, 特然如土委地, 交頸哀鳴, 血盡而死. (『虞初新志』)

蔡京作宰相大觀間因賀雪賜
宴于京第庖者殺鵓子千餘是
夕京夢群鵓遺以詩曰啄君一
粒粟為君美內肉所殺知幾多
下箸嫌不足不惜充君庖生死
如轉轂勸君慎勿食禍福相倚
伏京由是不復食。

陶朱新錄

胸前生趣有雙鵓

메추라기의 경고 [牖前生趣有雙鶉]

    채경蔡京이 재상이 되었을 때, 대관大觀 연간에 눈을 축하하는 잔치를 그의 저택에서 열었다. 요리사가 메추라기 천여 마리를 잡았다. 그날 밤, 채경은 꿈속에서 메추라기 떼가 시를 주어 주는 것을 보았다.

啄君一粒粟	그대의 한 알 좁쌀 쪼아 먹고서
爲君羹內肉	그대 위해 국거리 되어버렸네.
所殺知幾多	죽인 것이 몇인지 알지 못하면서
下箸嫌不足	젓가락 댈 때 부족함 탄식하였네.
不惜充君庖	그대 부엌 채우는 것 아깝지 않으나
生死如轉轂	생사는 수레바퀴 도는 것 같네.
勸君愼勿食	권하노니 그대는 삼가 먹지 마소서.
禍福相倚伏	화복은 서로 맞물려 있는 법이니.

채경은 이로 인해 다시는 메추라기를 입에 대지 않았다.
(『도주신록陶朱新錄』에 실려 있다.)

蔡京作宰相, 大觀間, 因賀雪賜宴于京第. 庖者殺鶉子千蔡京作宰相大觀間因賀雪賜宴于京第庖者殺鵓子千餘是夕京夢群鵓遺以詩曰啄君一粒粟為君羹肉所殺知幾多下筯不足不惜君庖生死如轉轂勸君慎勿食禍福相倚伏京由是不復食。

陶朱新錄

牎前生趣有雙鵓

餘. 是夕, 京夢群鶴遺以詩曰: "啄君一粒粟, 爲君羹內肉. 所殺知幾多, 下箸嫌不足. 不惜充君庖, 生死如轉轂. 勸君愼勿食, 禍福相倚伏." 京由是不復食. (『陶朱新錄』)

翡翠雙棲

魏國長公主嘗衣貼繡鋪翠入禁中太祖曰當以此与我自今勿為此飾主笑曰用翠羽幾何上曰但恐宮闈戚里相效小民逐利即傷生寖廣寔汝之由

五總志

물총새 깃털의 경고 [翡翠雙棲]

위국장공주魏國長公主, 태조의 딸가 물총새 깃털로 장식한 화려한 옷을 입고 대궐에 들어왔다. 태조가 말했다.

"그 옷을 내게 주고, 이제부터는 이런 장식을 하지 말라."

공주가 웃으며 말했다.

"물총새 깃털을 쓴 것이 얼마나 되겠어요?"

태조가 말했다.

"다만 궁중의 비빈들과 황제 친족들이 너를 따라하여 백성들이 이익을 좇아 살생하는 일이 점점 늘어날까 염려된다. 이는 실로 너 때문일 것이다."

(『오총지五總志』에 실려 있다.)

魏國長公主嘗衣貼繡鋪翠入禁中. 太祖曰:"當以此與我, 自今勿爲此飾." 主笑曰:"用翠羽幾何?" 上曰:"但恐宮闈戚里相效, 小民逐利, 即傷生寖廣, 寔汝之由."(『五總志』)

宣仁同聽政日，御廚進羊乳房及羔兒肉。宣仁愛然動容曰：羊方羔而取乳則餒矣。又曰：方羔而烹之，傷天折也。卻而不食。有旨不得宰羊羔以為膳。

甲申雜記

哺乳類

자비로운 마음 [哺乳類]

선인宣仁이 대리 청정하던 시절, 수라간에서 양의 젖가슴과 새끼 양 고기를 바쳤다. 선인이 근심스러운 표정으로 말했다.

"양이 방금 새끼를 낳았는데, 젖이 없으면 새끼가 굶주리게 된다."

또 말했다.

"이제 막 태어난 새끼를 삶아 먹는 것은 요절한 생명을 더욱 가엾게 하는 일이다."

그리고는 음식을 거부하고 먹지 않았다. 조서를 내려 새끼 양을 잡아 음식으로 만들지 못하게 했다.

(『갑신잡기甲申雜記』에 실려 있다.)

宣仁同聽政日, 御廚進羊乳房及羔兒肉. 宣仁蹙然動容曰:"羊方羔而無乳, 則餒矣." 又曰:"方羔而烹之, 傷夭折也." 却而不食. 有旨不得宰羊羔以爲膳. (『甲申雜記』)

平望人王阿毛好食蛙製一鐵鍼長二尺許每捕浮一蛙則以鍼穿其頸鍼滿始荷之而歸以充饌焉如是者數十年矣一日至其親串家親串之宿是夜火阿毛登屋望之其家臨河于簷有遠處失火阿毛登屋望之其家臨河于簷而居懼盜賊遶水次攀援登屋故于簷端列鐵條數十皆銳其末如鋒刀阿毛失足而墜鐵條適貫其頸呼號甚慘救之者垂法可施乃堅送梯于水中衆人緣梯而上始解阿毛下而氣已絕矣其死狀宛然如蛙也

俞曲園筆記

殘忍饕餮

개구리와 같은 최후 [殘忍饗鼃]

평망平望 사람 왕아모王阿毛는 개구리를 먹는 것을 즐겼다. 그는 길이 두 자쯤 되는 쇠바늘을 만들어, 개구리를 한 마리 잡을 때마다 바늘로 그 목을 뚫어 꿰었다. 바늘이 가득 차면 비로소 그것을 짊어지고 집에 돌아와 요리해 먹곤 했다. 이런 식으로 수십 년을 지냈다. 어느 날 그는 친한 사람의 집에 갔는데, 친한 사람이 그를 머물러 자게 했다. 그 집에 머물게 되었다. 그날 밤, 먼 곳에서 불이 나자 왕아모가 지붕에 올라가 상황을 살펴보았다. 그 집은 강가에 위치해 있어 도둑이 물가에서 기어올라 지붕에 오를까 봐 처마 끝에 날카로운 쇠꼬챙이 수십 개를 설치해 놓았는데, 모두 끝이 칼날처럼 날카로웠다. 왕아모가 발을 헛디뎌 떨어지자, 쇠꼬챙이가 그의 목을 관통했다. 그는 참혹하게 울부짖었지만, 구하려는 사람들이 방법을 찾지 못했다. 긴 사다리를 물속에 세우고 여러 사람이 사다리를 타고 올라가서야 비로소 왕아모를 쇠꼬챙이에서 풀어내어 내려왔으나, 이미 숨이 끊어져 있었다. 그의 죽은 모습은 마치 개구리와 같았다.

(유곡원俞曲園의 『필기筆記』에 실려 있다.)

平望人王阿毛好食蛙則以一鐵鍼鍼長二
尺許每捕得一蛙輒以鍼穿其頂鍼滿
始負之而歸至其家烹數十鍼製
有居盧失火殁阿毛晝夜以鑊
而居一日之燄賢如是者數烹
端失足墜水毛呼救力然于臨河
牧之者蓋而法陞阿乃賢其末授登屋
縁梯而上始可將阿毛堅呉梯翅如
人其死狀寬然如蛙也鮮下而氣已
絶
  俞曲園筆記

殘忍饕餮之食

平望人王阿毛, 好食蛙. 製一鐵鍼, 長二尺許. 每捕得一蛙, 則以鍼穿其頸, 鍼滿, 始荷之而歸, 以充饌焉. 如是者數十年矣. 一日, 至其親串家, 親串止之宿. 是夜有遠處失火, 阿毛登屋望之. 其家臨河而居, 懼盜賊從水次攀援登屋, 故于簷端列鐵條數十, 皆銳其末, 如鋒刃然. 阿毛失足而墜, 鐵條適貫其頸, 呼號甚慘. 救之者無法可施, 乃豎長梯于水中, 衆人緣梯而上, 始將阿毛解下, 而氣已絕矣. 其死狀宛然如蛙也. (俞曲園『筆記』)

江浙平章䴏䴖家養二鴿其雄斃于貍奴家人以他雄配之遂鬥而死謝子蘭作義鴿詩弔之。

虞初新志

慘劫

재혼을 거부한 비둘기 [慘劫]

강절江浙 지방의 평장平章인 노노㛆㛆의 집에서 비둘기 두 마리를 길렀다. 수컷 비둘기가 고양이에게 죽자, 집안 사람들이 다른 수컷과 짝을 지어 주었더니 암컷 비둘기가 새 수컷과 싸우다가 죽었다. 사자란謝子蘭이 「의로운 비둘기 시[義鴿詩]」를 지어 조문했다.

(『우초신지虞初新志』에 실려 있다.)

江浙平章㛆㛆家養二鴿. 其雄斃於貍奴, 家人以他雄配之, 遂鬪而死. 謝子蘭作「義鴿詩」吊之. (『虞初新志』)

草菅生命

夏氏子見梁間雙燕，戲彈之其雄死雌者悲鳴踰時自投于河亦死時人作烈燕歌。

虞初新志

짝을 따라 죽은 제비[草菅生命]

하씨夏氏의 아들이 들보 사이에 제비 두 마리를 보고 장난으로 탄알을 쏘자, 수컷 제비가 죽었다. 암컷 제비는 한참 동안 슬피 울다가 스스로 강에 몸을 던져 죽었다. 당시 사람들이 「열녀 제비 노래[烈燕歌]」를 지었다.

(『우초신지虞初新志』에 실려 있다.)

夏氏子見梁間雙燕, 戱彈之, 其雄死. 雌者悲鳴踰時, 自投于河亦死. 時人作「烈燕歌」. (『虞初新志』)

血肉團中有性靈

聲与無聲莫浪聽
無聲隱痛轉惺惺
請君下箸睜睛看
血肉團中有性靈

宋守一

핏덩이 속의 영혼 [血肉團中有性靈]

소리 있건 없건, 함부로 듣지 말지니,
숨은 고통이 오히려 더욱 선명하도다.
부디 젓가락 드는 그대여 눈 크게 뜨고 보라,
핏덩이 속에도 영혼이 깃들어 있나니.
(송수일宋守一이 짓다.)

聲與無聲莫浪聽, 無聲隱痛轉惺惺,
請君下箸睜睛看, 血肉團中有性靈. (宋守一)

淮安城中民家有母犬，烹而食之，其三子犬各銜母骨抱土埋之，伏地悲鳴不絕，里人見而異之，共傳為孝犬。

虞初新志

葬母

효성스러운 강아지들[葬母]

회안성淮安城:지금의 江蘇省 중북부 안의 한 백성 집에서 어미 개를 잡아 삶아 먹었다. 그 강아지 세 마리가 각각 어미의 뼈를 물어다가 흙을 파고 묻고는 땅에 엎드려 끊임없이 슬피 울었다. 마을 사람들이 이를 보고 기이하게 여겨 모두 효성스러운 개라고 칭찬했다.

(『우초신지虞初新志』에 실려 있다.)

淮安城中民家, 有母犬烹而食之. 其三子犬各銜母骨, 抱土埋之, 伏地悲鳴不絶. 里人見而異之, 共傳爲孝犬. (『虞初新志』)

災殃

高郵有鸛双棲于南樓之上。或弋其雄雌獨孤棲有鸛一班偕一雄与其巢若媒誘之者然竟日弗偶遂偕飛去孤者哀鳴不已。忽鑽嘴入巢隙懸足而死時遊者群客見之無不嗟訝稱為烈鸛而競為詩歌弔之復有烈鸛碑。

虞初新志

정절을 지킨 황새[災殃]

고우현高郵縣, 지금의 江蘇省 高郵市에 황새가 있었다. 황새 한 쌍이 남쪽 누대 위에 둥지를 틀고 살고 있었다. 어떤 사람이 수컷 황새를 쏘아 죽이자, 암컷 황새가 홀로 남았다. 다른 황새 무리가 수컷 한 마리를 데려와 그 둥지에 함께 하게 했는데, 마치 중매하듯 꾀어내려는 듯했다. 암컷은 하루 종일 짝짓기를 거부했다. 결국 그 황새들은 함께 날아가 버렸다. 홀로 남은 암컷은 슬피 울기를 그치지 않다가 문득 부리를 둥지 틈에 박고 발을 매단 채 죽었다. 이때 구경하던 여러 나그네들이 이를 보고 모두 탄식하며 기이하게 여겨 '열녀 황새'라 부르고, 다투어 시를 지어 조문했으며 '열관비烈鸛碑'를 세웠다.

(『우초신지虞初新志』에 실려 있다.)

高郵有鸛, 雙棲于南樓之上. 或弋其雄, 雌獨孤棲. 有鸛一班, 偕一雄與其巢, 若媒誘之者. 然竟日弗偶, 遂偕飛去. 孤者哀鳴不已, 忽鑽嘴入巢隙, 懸足而死. 時遊者群客見之, 無不嗟訝, 稱爲烈鸛, 而竸爲詩歌吊之, 復有"烈鸛碑". (『虞初新志』)

華亭董氏庭前有虯松一株枝幹扶疏亭亭如蓋有雙鶴結巢其顚後雄被彈死其雌子然獨處日夕哀鳴越數日亦死。

虞劭新志圖

雙宿雙飛

황새 부부의 사랑 [雙宿雙飛]

화정현華亭縣 : 지금의 上海市 松江縣 동씨董氏 집 뜰 앞에 구부러진 소나무 한 그루가 있었다. 가지와 줄기가 무성해 우뚝 솟아 덮개 같았는데, 황새 한 쌍이 그 꼭대기에다 둥지를 틀었다. 이후 수컷 황새가 탄알에 맞아 죽자, 암컷 황새가 홀로 쓸쓸히 지내며 아침저녁으로 슬피 울다가 며칠 뒤에 죽었다.

(『우초신지虞初新志』에 실려 있다.)

華亭董氏. 庭前有虬松一株. 枝幹扶疏. 亭亭如盖. 有雙鶴結巢其顚. 後雄被彈死, 其雌孑然獨處, 日夕哀鳴. 越數日, 亦死. (『虞初新志』)

山西省城外有晉祠地方有酒館所烹驢肉最香美遠近聞名群呼曰驢香館蓋恃驢為饌也其法以草驢一頭養浮極肥將足醉以酒滿身排打欵割其肉先釘四橛將足捆住而以木一根橫于背擊其頭尾使不浮動動以快刀零割要食前後腿或肚當或脊脅或頭尾身將毛刮盡再以百滾湯沃其肉多隨客便當客下箸時其驢尚未死絶也至乾隆辛丑年長白巴公延三為山西方伯將為首者論斬其餘俱邊充軍勒石永禁

梅溪叢話

酷刑

잔혹한 요리법[酷刑]

산서성山西省 성 밖 진사晉祠 근처에 선술집이 있었다. 그곳에서 요리한 당나귀 고기가 가장 향미로워 여기저기에 명성이 알려져, 사람들은 이를 '노향관鱸香館'이라 불렀다. 이는 '노鱸'를 빌려 '여驢'로 삼은 것이다. 그 방법은 나귀 한 마리를 살찌게 키운 뒤, 먼저 술을 먹여 취하게 하고 온몸을 두들겨 살을 연하게 했다. 고기를 자르기 전, 네 개의 말뚝을 박고 발을 묶어 움직이지 못하게 한다. 나무 막대기 하나를 등에 가로질러 머리와 꼬리를 묶어 당나귀를 꼼짝 못하게 한다. 처음에는 끓는 물을 몸에 부어 털을 긁어내고, 재차 날카로운 칼로 살을 조금씩 잘라낸다. 손님들은 앞다리, 뒷다리, 배, 등, 머리, 꼬리 등 원하는 대로 선택했다. 손님들이 젓가락을 댈 때도 당나귀는 숨이 끊어지지 않은 상태다. 건륭乾隆 신축辛丑년, 장백산長白山의 파연삼巴延三이 산서山西의 방백方伯이 되어, 우두머리를 참수하고 나머지는 변방으로 유배 보냈다. 이후 돌에 새겨서 이 요리법을 영원히 금지했다.

(『매계총화梅溪叢話』에 실려 있다.)

山西省城外有晉祠地方, 有酒館. 所烹驢肉最香美, 遠近山西首城外有晉祠地方有酒館所烹驢肉最香美遠近聞名群呼曰驢香館蓋惜驢為驢也其法以草驢一頭養浮極肥先醉以酒滿身排打欲釘四橛將足綑住而以木一根打于背擊其毛刮盡再以塊頭尾俱不浮動动以百滾湯沃其身将毛刮盡再奪或頭尾腿或肚當時其驢尚末死绝也至隨客前送客下箸時其驢尚未死絕也至乾隆辛丑年長白巴公延三為山西方伯將
葉為首者斬斫其餘俱遠戍軍勒石永禁

酷刑

聞名,群呼曰"鱸香館",盖借"鱸"爲"驢"也.其法以草驢一頭,養得極肥,先醉以酒,滿身排打.欲割其肉,先釘四樁,將足捆住,而以木一根橫于背,繫其頭尾,使不得動.初以百滾湯沃其身,將毛刮盡,再以快刀零割.要食前後腿,或肚當,或背脊,或頭尾肉,各隨客便.當客下箸時,其驢尚未死絕也.至乾隆辛丑年,長白巴公延三爲山西方伯,將爲首者論斬,其餘俱邊遠充軍,勒石永禁.(『梅溪叢話』)

不牧之識
信於異類

瑪納昕有遠犯之婦入山採椹為哈瑪沁所執哈瑪沁者額魯特之流民也没深山中遇禽食遇獸食獸遇人即食人婦與兩得已縛衣縛樹上城火于旁甫割左股一彎忽開火器一震人獸皆聲股動林谷以為官軍托至意布通盖嘗牽馬歸聲以鳥鎗雄雉中馬尾一馬跳躑群馬驚相隨以入萬山中共說而逸之也使少遇須臾則此婦血肉狼籍矣豈非或若之戟婦自言皆相遇于寬割者每見屠天下之恐怖莫過于束縛以待寬割遂持長齋嘗謂人曰天下之痛苦莫過于寛割者吾每見屠奥則此婦血肉狼籍矣豈非或若之戟
寧瓶自受芰毒時思果生其痛苦恐怖尒必
如我故不航下咽耳此言尒可告世之暴鳌者也

閲微草堂筆記圖

기적적인 탈출 [間不容髮]

마나쓰瑪納斯 현에 유배객의 부인이 산에 들어가 땔나무를 하다가 합마심哈瑪沁에게 붙잡혔다. 합마심은 앵로특額魯特, 명대(明代) 서몽고(西蒙古) 부족의 후예의 유민으로, 깊은 산속에서 새를 만나면 새를 먹고 짐승을 만나면 짐승을 먹으며, 사람을 만나면 사람을 먹는 자였다. 부인은 옷이 벗겨진 채 나무에 묶였고, 옆에서는 불이 활활 타고 있었다. 겨우 왼쪽 넓적다리 한 점을 베어냈을 때, 갑자기 총소리 하나가 울리고 사람들의 말소리가 시끄럽게 들리며 말발굽 소리가 산골짜기에 진동했다. 합마심은 관군이 습격한 것으로 오해하고 부인을 버려둔 채 달아났다. 사실은 군영의 병사들이 말을 방목하던 중, 우연히 조총으로 꿩을 쏘다가 말꼬리를 맞춘 것이었다. 한 마리 말이 뛰어오르자 모든 말들이 놀라 서로 함께 여러 산에 깊숙이 달아났고, 병사들이 함께 떠들며 말들을 쫓았다. 만약 조금이라도 더 늦었더라면 부인은 피와 살점이 낭자하게 흩어졌을 것이다. 어찌 누군가가 그렇게 하도록 이끈 것이 아니겠는가! 부인은 이 일 이후로 장재長齋*를 지

---

* 장재(長齋) : 오후에 음식을 취하지 않는 수행법이다.

不牧之誡 信於異類

瑪納斯有逸犯之婦入山採椹為哈瑪沁所執哈瑪沁者魯特之流民出沒深山中遇禽食禽遇獸食獸過人即食人婦疾而行已縛長繩樹上嘁獸于旁甫剝左股一臠忽聞火器人語官軍至矣而此盡營平牧馬于此旁剽至寡而邇群馬蹄偶皷勒林谷中共驚布追之也俄一馬尾一馬尾一馬尾相馬追之也俄一馬尾相隨以逸萬山中皆驚相顧非或伊之母乎宣布天下之人見屠者必持此婦血肉狼藉矢口天下之人見屠者必遂則此婦血肉狼藉遂持此禦師恐過于束縛以胙脩割脩為割脩為割脩天下之婦師眾過于人見屠者必如拿鞭鞽耳受芝蓉時圍繞生其庸庸遽怖爾必我故不能下咽且此言公可告世之暴毒者也

聞波羊軍軍記圖

키며 사람들에게 말했다.

"세상에서 가장 고통스러운 것은 살점이 썰리는 것이고, 가장 공포스러운 것은 묶여서 살점이 썰리기를 기다리는 것이다. 나는 매번 짐승 잡는 것을 보면 내가 겪었던 고통을 떠올린다. 저 중생들도 나와 같은 고통과 공포를 느낄 것이니, 차마 목구멍으로 넘길 수가 없는 것이다."

이 말은 또한 세상의 탐식자들에게 일러줄 만하다.

(『열미초당필기閱微草堂筆記』에 실려 있다.)

瑪納斯有遣犯之婦, 入山採樵, 爲哈瑪沁所執. 哈瑪沁者, 額魯特之流民, 出沒深山中, 遇禽食禽, 遇獸食獸, 遇人即食人. 婦爲所得, 已褫衣縛樹上, 熾火于旁. 甫割左股一臠, 忽聞火器一震, 人語喧闐, 馬蹄聲殷動林谷. 以爲官軍掩至, 棄而遁. 盖營卒牧馬, 偶以鳥槍擊雉子, 誤中馬尾. 一馬跳躑, 群馬皆驚, 相隨逸入萬山中, 共噪而追之也. 使少遲須臾, 則此婦血肉狼籍矣, 豈非或若使之哉! 婦自此遂持長齋, 嘗謂人曰: "天下之痛苦, 無過于臠割者, 天下之恐怖, 無過于束縛以待臠割者. 吾每見屠宰, 輒憶自受楚毒時. 思彼衆生, 其痛苦恐怖, 亦必如我, 故不能下咽耳." 此言亦可告世之饕餮者也. (『閱微草堂筆記』)

吾昔少時所居書室前有竹柏雜
花叢生滿庭衆鳥巢其上武陽君
惡殺生兒童婢僕皆不浮捕取鳥
鵲數年間皆集巢於低枝其鷇可
俯而窺也又有桐花鳳四五日翔
集其間此鳥難見而馴擾殊不
畏人閭里聞之以爲異事此無他
不忮之誠信于異類也

呂祖謙臥游錄

間不容髮

새들이 찾아온 서재 [不忮之誠, 信於異類]

내가 젊었을 적에 거처하던 서재 앞에는 대나무와 잣나무, 여러 꽃들이 뜰에 가득했고, 많은 새들이 그 위에 둥지를 틀고 있었다. 무양군武陽君이 살생을 미워해 아이들과 종들 모두 까치를 잡지 못하게 했다. 몇 년 사이, 새들은 낮은 나뭇가지에 둥지를 틀어 그 새끼들을 내려다볼 수 있게 되었다. 또 동화봉桐花鳳, 사천 특유의 희귀 조류 네댓 마리가 날마다 그 사이에서 날아다니며 모여들었다. 이 새는 보기 어렵지만 한번 길들여지면 사람을 전혀 두려워하지 않았다. 마을 사람들이 이 소식을 듣고 기이한 일이라 여겼다. 하지만 이는 다른 이유가 아니라, 해치지 않는 진실한 마음이 다른 짐승들에게 믿음을 준 결과였다.

(여조겸呂祖謙의 『와유록臥遊錄』에 실려 있다.)

吾昔少時所居書室, 前有竹柏雜花叢生滿庭, 衆鳥巢其上. 武陽君惡殺生, 兒童,婢僕皆不得捕取鳥鵲. 數年間皆集巢于低枝, 其鷇可俯而窺也. 又有桐花鳳四五, 日翔集其間. 此鳥難見, 而能馴擾, 殊不畏人. 閭里聞之, 以爲異事, 此無他, 不忮之誠, 信于異類也. (呂祖謙, 『臥遊錄』)

無故則不殺，非時則不殺禽獸，胎卵則不殺，鱗介細小則不殺，蟲蟻無害則不殺，可生者使之生，當殺者不妄殺。張佑詩云：別開紅鯰救飛蛾，仁人之言藹如信然。

松濤館筆記

穿花蛺蝶深深見
點水蜻蜓款款飛

杜甫詩句

무고한 생명을 보호하다

[穿花蛺蝶深深見, 點水蜻蜓款款飛(杜甫詩句)]

까닭 없이는 죽이지 않고 제 때가 아니면 죽이지 않는다. 동물이 새끼를 밴 경우에는 죽이지 않고, 물고기와 조개가 너무 작을 때는 죽이지 않으며, 벌레가 해를 끼치지 않으면 죽이지 않는다. 살릴 수 있는 것은 살리고, 죽여야 할 것이라도 함부로 죽이지 않는다. 장우張佑의 시에 이르기를, "등불 불꽃 헤치고는 불나방 구해냈네"라고 했다. 어진 사람의 말은 온화하다고 하니,* 참으로 그렇다.

(『송도관필기松濤館筆記』에 실려 있다.)

無故則不殺, 非時則不殺, 禽獸胎卵則不殺, 鱗介細小則不殺, 蟲蟻無害則不殺. 可生者使之生, 當殺者不妄殺. 張佑詩云: "剔開紅燄救飛蛾" 仁人之言藹如, 信然!(『松濤館筆記』)

---

* 어진 …… 온화하다고 하니 : 한유의 「이익에게 답하는 글[答李翊書]」에 "그 뿌리를 길러서 그 열매를 기다리고 그 기름을 더하여 그 광채를 바라는 것이니, 뿌리가 무성한 자는 그 열매를 이루고, 기름져 윤택한 것은 그 광채가 빛나며, 인의로운 사람은 그 말이 온화한 것이다[養其根而竢其實, 加其膏而希其光, 根之茂者其實遂, 膏之沃者其光曄, 仁義之人, 其言藹如也]"라고 한 데서 온 말이다.

刳胎焚夭則麒麟不至，
乾澤而漁則蛟龍不游；
覆巢毀卵則鳳凰不翔；
丘聞之君子重傷其類
者也。

說苑

和氣致祥

상서로운 짐승들의 경고 [和氣致祥]

새끼를 배에서 꺼내 죽이면 기린이 오지 않고, 못을 말려서 물고기를 잡으면 교룡이 놀지 않으며, 둥지를 뒤엎고 알을 깨뜨리면 봉황이 날지 않는다. 내^{공자}가 듣기에, 군자는 자기와 같은 이의 고통을 가슴 아파한다.

(『설원說苑』에 실려 있다.)

刳胎焚夭, 則麒麟不至; 乾澤而漁, 則蛟龍不游; 覆巢毀卵, 則鳳凰不翔. 丘聞之, 君子重傷其類者也. (『說苑』)

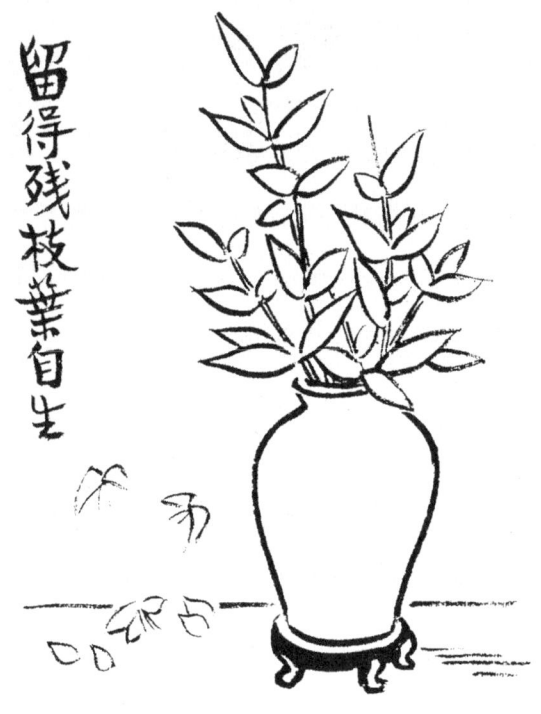

十日書齋九日扃
春晴何處不閒行
瓶花落盡無人管
留得殘枝葉自生

徐献可

고요한 관찰 [留得殘枝葉自生]

서재에서 열흘 동안 아흐레 문 닫았으니

맑은 봄날 어디라도 한가롭게 가지 않으랴.

병 속의 꽃 모두 져도 돌보는 이 없건만,

시든 가지 남겨두니 잎이 절로 피어나네.

(서헌가徐獻可의 작품이다.)

十日書齋九日扃, 春晴何處不閑行,

瓶花落盡無人管, 留得殘枝葉自生. (徐獻可)

入夜始維舟
黃蘆古渡頭
眠鷗知讓客
飛過蓼花洲

真山民

眠鷗讓客

밤나루의 갈매기 [眠鷗讓客]

밤이 되어 비로소 배를 맸으니

누런 갈대 우거진 오래된 나루였네.

졸던 갈매기 나그네 비켜줄 줄 알아

여뀌꽃 핀 모래섬으로 날아서 지나가네.

(진산민真山民의 작품이다.)

入夜始維舟, 黃蘆古渡頭,

眠鷗知讓客, 飛過蓼花洲. (真山民)

葉葉東風楊柳青
青驄浔浔傍花行
勸郎收卻金丸彈
留箇鶯兒叫一聲

陶月山 西湖竹枝詞之一

柳浪聞鶯

봄의 선율 [柳浪聞鶯]

푸른 버들 잎새 마다 동풍이 불어올 때

푸른 총마 우쭐대며 꽃 옆을 지나가네.

낭군께서 금 탄환을 거두길 권하노니

꾀꼬리 머물러서 지저귀게 하소서.

(도월산陶月山의 「서호죽지사西湖竹枝詞」 중 첫 번째 작품이다.)

葉葉東風楊柳靑, 靑驄得得傍花行,

勸郞收却金丸彈, 留箇鶯兒叫一聲. (陶月山「西湖竹枝詞」之一)

天地別無勾當只以生物為心如此看來天地全是一團生意覆載萬物人若愛惜物命也是替天行道的善事

朱熹

天地好生

생명의 이치 [天地好生]

"천지는 달리 의도하는 바 없고, 다만 만물을 살리는 것으로 마음을 먹고 있다." 이를 보건대, 천지는 온통 생명의 의지生意 그 자체여서, 만물을 위로로 덮어 주시고 아래로 받쳐 주시는 것이다. 사람이 만약 만물의 생명을 아낀다면, 이는 하늘을 대신해 도를 행하는 선한 일이라 하겠다.

(주희朱熹의 글이다.)

天地別無勾當, 只以生物爲心. 如此看來, 天地全是一團生意, 覆載萬物. 人若愛惜物命, 也是替天行道的善事. (朱熹)

晓露零香松友
风拂衣衣轻纨
原在手未忍扑
双飞

清秋诗仙元璞诗
崔惫书

轻拂原左手
未忍扑双飞

부채를 거두며 [輕紈原在手, 未忍撲雙飛]

새벽이슬 꽃가루에 맺혀 있었고,

봄바람은 화려한 옷 스쳐가누나.

비단 부채 원래부터 손에 있어도,

한 쌍 나비 차마 치지 못하겠구나.

(청清나라 웅담선熊澹仙의 「나비를 보다[見蝶]」)

曉露零香粉, 春風拂畫衣,

輕紈原在手, 未忍撲雙飛.

(清 熊澹仙,「見蝶」詩)

散抛残食饲神鸦

门有老妪白头居
上坐人小艇针有女
往近江歆眷散抛残
食饲神鸦

강가의 자비 [散拋殘食飼神鴉]

문 앞에 봄 물에는 흰 마름꽃 피어 있고,
강 기슭엔 사람 없이 작은 배만 비껴 있네.
장사꾼 아낙 지날 때에 강 저물려 하는데,
남은 음식 흩뿌려서 까마귀 먹여 주네.
(송宋나라 손광헌孫光憲의 「죽지사竹枝詞」)

門前春水白蘋花, 岸上無人小艇斜,
商女經過江欲暮, 散拋殘食飼神鴉.
(宋 孫光憲,「竹枝詞」)

黄莺久住浑相识　欲别频啼四五声

好去春风湖上亭
柳条藤蔓系离情黄莺
久住浑相识欲别频
啼四五声

꾀꼬리의 작별 인사 [黃鶯久住渾相識, 欲別頻啼四五聲]

호수 위 정자에 봄바람 참 좋은데,

버들가지와 등 넝쿨이 이별의 정 잡아매네.

꾀꼬리 오래 있어 서로 잘 알았기에,

이별할 땐 네댓 번을 자꾸만 울어대네.

(당唐나라 융욱戎昱의 「이사하며 호수 정자와 작별하다[移家別湖上亭]」)

好去* 春風湖上亭, 柳條滕蔓繫離情,

黃鶯久住渾相識, 欲別頻啼四五聲.

(唐 戎昱詩)

---

* 원문은 거(去)가 시(是)로 되어 있다. 여기서는 시(是)로 번역한다.

柴门茅花花入门浅
溪水响出藜根溪家
老妇闻耳牛莲日呼
归白鼻豚

落日呼归白鼻豚

저녁 풍경 [落日呼歸白鼻豚]

버들개지와 모화가 날아서 문으로 드는데,
얕은 시내 그윽한 소리 울 밑에서 나온다네.
시냇가 집 늙은 부인 한가롭게 일 없어서
해질녘 흰 코 돼지 불러서 오게 하네.
(명明나라 장기張琦의 시)

紫絮茅花飛入門, 淺溪幽響出籬根,
溪家老婦閑無事, 落日呼歸白鼻豚.
(明 張琦詩)

捲簾
飛入兩蜻蜓

小山如畫仿佛青山間
芭蕉雨乍晴滿戶風未
湘未並捲簾飛入兩蜻
蜓 清荪子好詩 霞丞書

찾아온 나그네 [捲簾飛入兩蜻蜓]

작은 산 그림 같고, 푸른 눈썹 닮았으니,

이끼에 습기 젖고 비가 막 갠 듯하네.

방문에 바람 불고 조수는 그대론데,

발 걷으니 잠자리 두 마리 날아드네.

(청淸나라 장우야蔣于野의 시)

小山如畫仿眉靑, 已潤莓苔雨乍晴,

滿戶風來潮未退, 卷簾飛入兩蜻蜓.

(淸 蔣于野詩)

魂夢到滄州

一身文彩甚零落
狡獪月不自由水日
羊籠相並睡生些魂
夢到滄州

宋佗些筑此春鴿詩
崔憨書

창주를 그리며 [魂夢到滄州]

온 몸에 무늬들이 남들과 다르기에,

한가론 몸 자유롭게 있게 되지 못하였네.

온종일 새장에서 함께 자고 있다지만,

어찌 꿈속에서 창주에 이르는 일 없겠는가.

(송宋나라 서조徐照의 「기르던 비오리를 보다[觀所養鸂鶒]」)

一身文彩異常流, 却使閑身不自由,

永日翠籠相並睡, 豈無魂夢到滄州?

(宋 徐照, 「觀所養鸂鶒」詩)

双牛荼荈眠香衬迭
朱香烛伴佳人涂如妹
江若空庭湘风为将
绿度别簷
　王扬秀宫诗
　崔志奉

凤乃将徐
度别簷

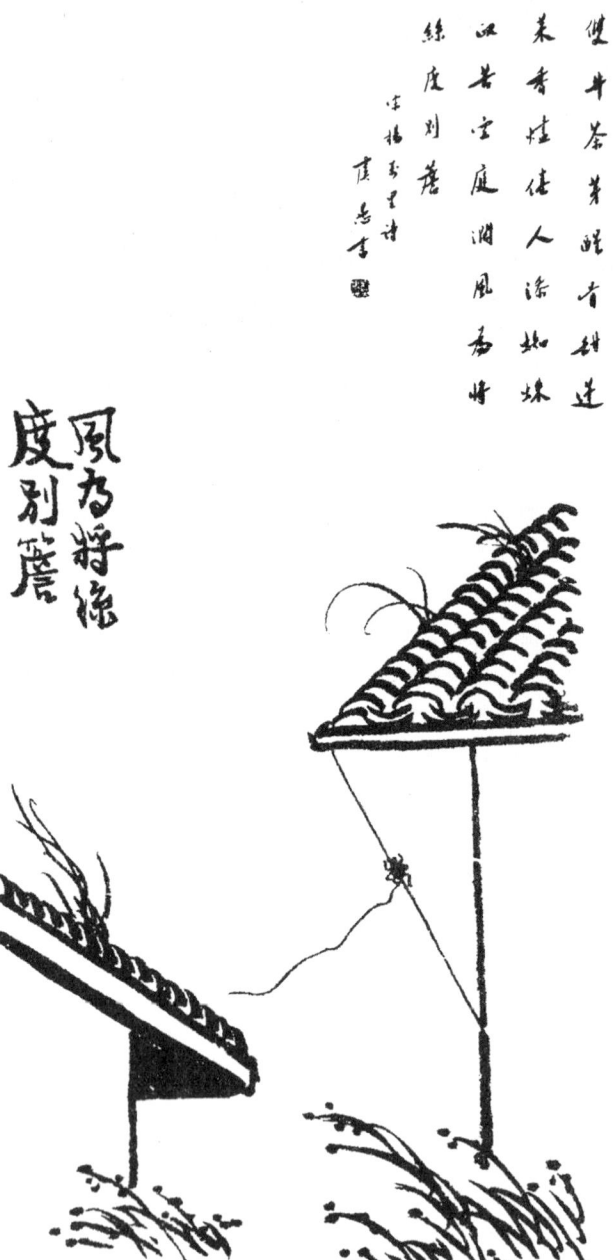

바람의 도움 [風爲將絲度別簷]

쌍정차雙井茶 싹은 달콤하게 깨게 하고,

봉래향蓬萊香 사그라져 피곤함 더하였네.

거미는 텅 빈 뜰이 넓은 것 괴로운데,

바람이 실을 건네 다른 처마로 가게 하네.

(송宋나라 양만리楊萬里의 시)

雙井茶芽醒骨甜, 蓬萊香爐倦人添,

蜘蛛政苦空庭闊, 風爲將絲度別簷.

(宋 楊萬里詩)

牧笛声中踏戏竹
难禁雀跃烟多垂髫
村女依依说燕子今
朝又作窠 甘苦杂诗
秀杰书

垂髫村女
依依说
燕子今朝
又作窠

봄의 전령 [垂髫村女依依說, 燕子今朝又作窠]

목동 피리 소리 속에 얕은 모래 밟았는데,

대울타리 깊은 곳엔 저녁 연기 자욱하네.

머리 딴 마을 소녀 속삭이듯 말하기를,

오늘 아침 제비들이 또 둥지 지었다네.

(청淸나라 고정高鼎의 시)

牧笛聲中踏淺沙, 竹籬深處暮煙多,

垂髫村女依依說, 燕子今朝又作窠.

(淸 高鼎詩)

江頭落日照平沙潮
退漁舟閣岸斜鳧鳥
一雙臨水立見人驚
起入蘆花

見人驚起入蘆花

비 온 뒤 못가 풍경 [雨餘春水滿]*

아침에 못가에서 새로운 시구가 떠올라,

급하게 같은 숙소 친구에게 알려주니,

간 밤에 비 내린 뒤 봄물 가득 불었는데,

흰 갈매기 내려와서 한참을 서 있었네.

(송宋나라 시인 아무개의 시)

朝來池上有新句, 火速報教同舍知,

昨夜雨餘春水滿, 白鷗飛下立多時.

(某宋人詩)

---

* 다른 책에는 「못의 갈매기[池鷗]」라는 제목으로 "朝來池上有斯事, 火急報教同舍知, 昨夜雨余春水滿, 白鷗飛下立多時."라 나온다.

行至菊花潭村
西日已斜主人
登高去雞犬空
在家

庚午洪昆詩
廣燕子

主人登高去
雞犬空在家

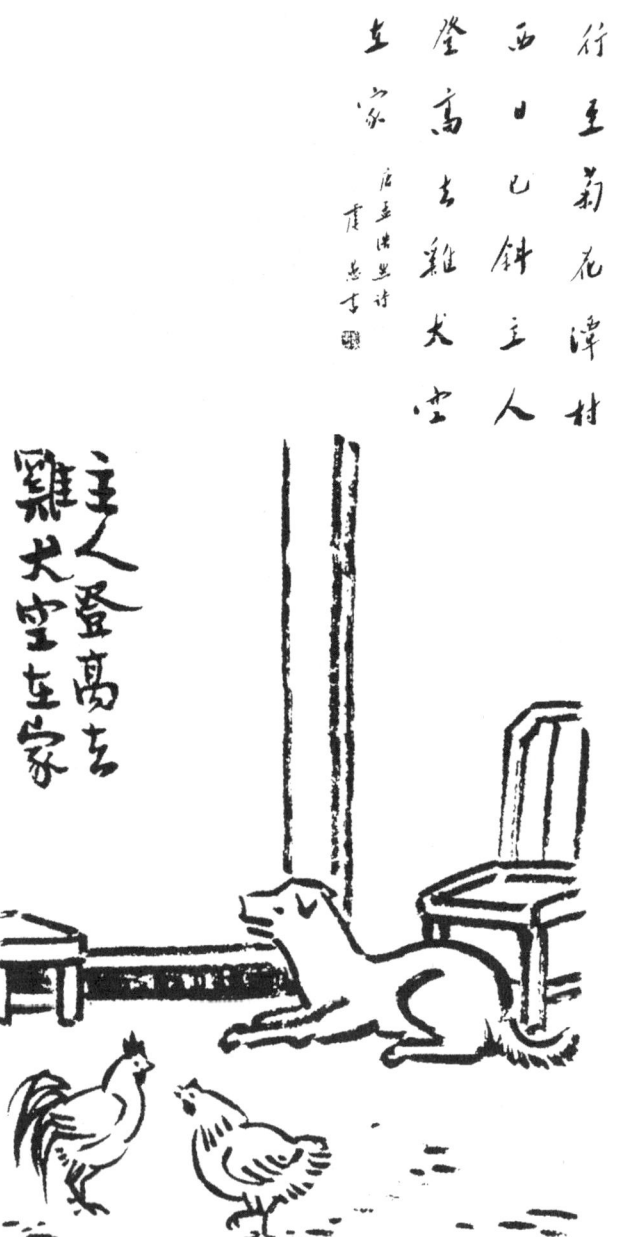

빈집 [主人登高去, 雞犬空在家]

국화담에 당도하니

마을 서쪽 해 이미 기울었다네.

주인이 높은 곳에 올라가 버려

닭과 개만 부질없이 집에 있었네.

(당唐나라 맹호연孟浩然 「국화담을 찾았으나 주인을 만나지 못하고[尋菊花潭 主人不遇]」)

行至菊花潭, 村西日已斜,

主人登高去, 雞犬空在家.

(唐 孟浩然詩)

山村柳絮天雏
子習耕田飯罷
日亭午人牛相
對眠

人牛相對眠

사람을 피해 날아간 새 [見人驚起入蘆花]

강가에 지는 해가 모래펄 비추었고,

썰물 지자 고깃배가 비스듬히 매어 있네.

한 쌍의 흰 새들이 물가에 서 있다가,

사람 보자 놀라 날아 갈꽃 속 들어가네.

(송宋나라 유극장劉克莊의 시)*

江頭落日照平沙, 潮退漁舟閣岸斜,

白鳥一雙臨水立, 見人驚起入蘆花.

(宋 劉克莊詩)

---

* 원래 대복고(戴復古)의 「강촌만조(江村晚眺)」란 시인데, 작가가 제목을 착각한 것으로 보인다.

人間牛亦樂
隨意過前邨

秋晚稻生孫僕
科不到門人間
牛亦樂隨意過
前村

尘法书评诗
霍忠书

한가로운 시골 [人閑牛亦樂, 隨意過前村]

늦가을에 벼 이삭 풍성하여도,

세금 독촉 하는 이 발길 끊겼네.

사람은 한가롭고 소도 즐거우니

근심없이 앞마을 지나가누나.

(송宋나라 장효상張孝祥의 시)

秋晚稻生孫, 催科不到門,

人閑牛亦樂, 隨意過前村.

(宋 張孝祥詩)

朝來池上有新句
進狀教同舍知作夜
雨餘春水滿白鷗飛
下正多時
　　東京人詩
　　蘿芾書

雨餘春水滿

향기를 좇는 벌[尋香]

강가 마을 두루 다녀도 매화 있지 않더니만,

꽃 한 송이 갑작스레 따뜻한 나뭇가지 향해 폈네.

누른 벌 어디선가 소식을 알아채고,

곧바로 향기 찾아 집 너머로 날아오네.

(송宋나라 옹권翁卷의 시)

行遍江村未有梅, 一花忽向暖枝開,

黃蜂何處知消息, 便解尋香隔舍來.

(宋 翁卷詩)

侬家住西湖唐家坞
厌人间教养添自饿
抽丝衫子嫩可怜辛
苦救老蚕 王壑诗
云恶书

一方丝罗巾 千百春蚕命

봄 누에를 구하다 [一方絲羅巾, 千百春蠶命]

신선이 사는 곳은 속세와 단절됐으니

세상의 살생 죄업 늘어남 싫어했네.

스스로 연실로다 고운 옷 지어서는

가련한 봄 누에들 고생을 덜어줬네.

(옥만玉鬘* 의 시)

仙家住處絶塵寰, 也厭人間殺業添,

自織藕絲衫子嫩, 可憐辛苦救春蠶.

(玉鬘詩)

---

* 옥만(玉鬘)은 『원씨물어(源氏物語)』에 등장하는 인물이다.

乌鸦乌鸦对我叫　乌鸦
真、真孝　乌鸦老了不能飞
对着小乌鸦啼　小乌鸦朝、打食
哺哺食哺未见银女甘就
往前银迪我

反哺

봄날의 낮잠 [人牛相對眠]

산마을에 버들개지 날고 있는데,
어린자식 밭갈이 배우고 있네.
밥을 다 먹자 해는 한낮 됐는데
사람과 소 마주 보며 잠들어 있네.
(청淸나라 탕이분湯貽汾의 시)

山村柳絮天, 稚子習耕田,
飯罷日亭午, 人牛相對眠

(淸 湯貽汾詩)

鴛鴦偶憩雙棲雙
厮守著地風波起
雌雄隔水都回首
見明陸采明珠記也本傳

浪打鴛鴦

풍랑에 갈라진 원앙[浪打鴛鴦]

원앙 한 쌍은 함께 자고 함께 날며 함께 의지했는데.

갑작스런 풍랑에 암수 둘이 양쪽으로 나뉘어졌으니,

암컷과 수컷이 물 건너에서 서로를 돌아보네.

(명明나라 육채陸采의 「명주기明珠記」 곡본曲本)

鴛鴦偶, 雙宿雙飛雙廝守.

驀地風波兩下分, 雌雄隔水都回首.

(見明 陸采, 「明珠記」曲本)

行仙江村木有梅一
花怎向暖枝開黃蜂
何事知消息便解尋
香陌舍來

寻香

늙은 어미를 먹이다 [反哺]

까마귀여 까마귀여 날 마주해 울고 있으니

까마귀는 참으로 효성이 지극하네.

늙은 까마귀 날 수 없게 되었으니,

새끼 까마귀 향해 울어대네.

새끼 까마귀 아침마다 먹이 찾아 나갔다가,

먹이 찾아 돌아와서 먼저 어미 먹이니

어미가 예전에 날 먹여 주어서네.

(『학교창가집 學校唱歌集』에 실려 있다.)

烏鴉烏鴉對我叫,

烏鴉眞眞孝.

烏鴉老了不能飛,

對着小鴉啼.

小鴉朝朝打食歸,

打食歸來先喂母,

母親從前喂過我.

(見『學校唱歌集』)

元好問於太和五年乙丑歲十赴試并州道逢捕雁者
云今日獲一雁殺之矣其脫網者悲鳴不能去竟自投
于地而死予因買得之葬之汾水之上累石為識號曰雁
丘並作雁丘詞問世間情是何物直教生死相許天
南地北雙飛客老翅幾回寒暑歡樂趣別離苦就中
更有癡兒女應有語渺萬里層雲千山暮雪隻影向
誰去橫汾路寂寞當年簫鼓荒煙依舊平楚招魂楚
些何嗟及山鬼暗啼風雨天也妒未信與鶯兒燕子
俱黃土千秋萬古為留待騷人狂歌痛飲來訪雁邱處

崔志書

그림자는 누구를 향해가리오 [隻影向誰去]

원호문元好問은 말한다. "태화太和 5년 을축년1205, 16세의 내가 병주幷州에 과거를 보러 가던 길에 한 기러기 잡는 자를 만났다. 그가 말하길 '오늘 한 마리 기러기를 잡아 죽였소. 그물에서 빠져나온 짝이 슬피 울며 떠나지 못하다가 마침내 땅에 몸을 던져 죽었소.' 나는 이 말에 매우 감동하여, 기러기를 사서 분수汾水 강가에 묻고 돌무더기를 쌓아 표시하여 '기러기 무덤雁邱'이라 이름하였노라."

「안구사雁邱詞」를 짓는다.

세상에 묻노니, 천지간에 정이란 무엇이기에 생사를 함께 하게 하는가?

하늘 남쪽 땅 북쪽을 함께 날던 나그네여,

늙은 날개로 추위와 더위를 몇 번이나 날았더냐?

만남의 기쁨과 이별의 쓰라림 속에 그 중에도 더 어리석은 이들이 있도다.

너는 응당 할 말이 있으리라.

아득한 만 리의 겹겹 쌓인 구름,

천 산의 눈 덮인 저녁 길을

외로운 그림자 누구를 향해 가리오?

분하汾河를 가로지르는 길,

쓸쓸한 옛날의 피리와 북소리,

메마른 안개는 여전히 평야를 덮었네.

초혜楚些로 초혼해도 이제 무슨 소용이랴,

산귀신만이 비바람 속에 흐느낄 뿐.

하늘도 질투하니, 아직 믿지 않느냐?

꾀꼬리와 제비는 모두 흙으로 돌아가되,

천추만대를 기다리노라.

시인들이 미친 듯이 노래하며 실컷 술 마시러

기러기 무덤 찾아오기를.

元好問云:"太和五年乙丑歲, 予赴試幷州. 道逢捕雁者云:'今日獲一雁, 殺之矣. 其脫網者, 悲鳴不能去, 竟自投於地而死.' 予因買得之, 葬之汾水之上, 累石爲識, 號曰'雁邱'." 並作「雁邱詞」:

問世間, 情是何物? 直敎生死相許.

天南地北雙飛客, 老翅幾回寒暑.

歡樂趣, 別離苦, 就中更有癡兒女.

君應有語, 渺萬里層雲, 千山暮雪, 隻影向誰去?

橫汾路, 寂寞當年簫鼓, 荒煙依舊平楚.

招魂楚些何嗟及,山鬼暗啼風雨.

天也妒,未信與,鶯兒燕子俱黃土.

千秋萬古,爲留待騷人,狂歌痛飲,來訪雁邱處.

籃中魚蛤

我哀籃中蛤,閉口護殘汁,又哀佃中魚,闊口吐微沫。到得腸決腹破,不如何時相逢,未嘗徑日,終此最急,不見虐懷慘苦然,造化逝好生,吾忍夫見其焉,豈不見主武王告刀兒,乘傷我近腹中有人亂曰崔氏信寓遇哀數得曹憤武王祖禁華未死神之汪先哥念籃設此一琢執一平如一義百席來道等長生虐此蛤

辰詩師杜集 宋程朱坡詩

盧念書

바구니 속 생명들 [籃中魚蛤]

광주리 속 조개를 슬퍼하노니,

입 다물고 남은 물 지키고 있네.

또 그물 속 물고기를 슬퍼 하노니,

입 벌리고 물기를 내품고 있네.

배를 갈라 그들이 함께 고통 받으니,

과욕으로 나에게 무슨 이득 있는가?

서로 만나 온기 나눌 겨를도 없이,

서로에게 이것 가장 급히 권했네.

보지 못했나, 노회신盧懷愼이

항아리를 오리 찌듯 쪄내어서는,

앉은 손님들 모두 웃음 참다가,

뚜껑 열자 갑자기 그 모습 드러났네.

보지 못했나. 왕무자王武子는

식사 때마다 칼끝이 붉게 물들도록

유리 그릇에 돼지를 쪄내니,

그 속엔 사람 젖과 같은 흰 국물 있었네.

노공盧公은 참으로 초라하고 초라하여,

노쇠한 머리털이 두건에 가득하였고,

무자武子는 비록 호화로웠으나,

죽기도 전에 영혼이 이미 울었네.

선생님의 만금과 같은 글은

한 마리 생명도 지키려 하니,

한 해가 꿈처럼 지나가지만,

백 년 사는 진정한 나그네로다.

그대께선 이 글을 버리지 말고,

엄선하여 두보 시집에 수록하라.

(송宋나라 소동파蘇東坡의 시)

我哀籃中蛤, 閉口護殘汁;

又哀網中魚, 開口吐微濕.

刳腸彼交病, 過分我何得?

相逢未寒溫, 相勸此最急.

不見盧懷愼, 蒸壺似蒸鴨,

坐客皆忍笑, 髡然發其冪.

不見王武子, 每食刀幾赤,

琉璃載蒸豚, 中有人乳白.

盧公信寒陋, 衰髮得滿幘;

武子雖豪華, 未死神已泣.

先生萬金璧,護此一蟻缺,

一年如一夢,百歲真過客.

君無廢此篇,嚴詩編杜集.

(宋 蘇東坡詩)

黄口無飽期

梁上有雙燕、翩翩雄與雌。銜泥兩椽間、一巢生四兒。四兒日夜長、索食聲孜孜。青蟲不易捕、黄口無飽期。觜爪雖欲敝、心力不知疲。須臾十來往、猶恐巢中飢。辛勤三十日、母瘦雛漸肥。喃喃教言語、一一刷毛衣。一旦羽翼成、引上庭樹枝。舉翅不回顧、隨風四散飛。雌雄空中鳴、聲盡呼不歸。却入空巢裏、啁啾終夜悲。燕燕爾勿悲、爾當返自思。思爾為雛日、高飛背母時。當時父母念、今日爾應知。

唐白居易詩 雅忠書

제비의 자식 사랑 [黃口無飽期]

들보 위에 있는 두 마리 제비
암수가 펄펄 날아 다니더니만
진흙 물어 서까래 사이에 집 지어
한 둥지에 네 마리 낳게 되었네.
네 마리가 밤낮으로 자라면서
먹이 달라 지지배배 울어대는데
벌레들이 그리 쉽게 잡히지 않아
새끼들 배를 채울 기약이 없네.
부리와 발톱 비록 닳으려 하나
마음은 피로한 줄 알지 못하네.
잠깐 사이에 열 번을 왕래하는 건
둥지 속 주린 새끼 걱정해서네.
한 달 동안에 죽을 고생 한 탓에
어미는 야위고 새끼는 통통해지네.
지지배배 말하는 법을 가르쳐 주고
하나하나 깃털을 손질해줬네.
하루아침에 날개 갖추어지자
마당 나뭇가지로 이끌었더니

날개 짓하며 뒤도 안 돌아 보고
바람 따라 사방으로 흩어져 나네.
부모 제비 공중에서 울어대면서
목 쉬도록 불러도 아니 왔으니
다시 빈 둥지 안에 들어와서는
밤새도록 서글프게 울어대누나.
제비야 제비야 넌 슬퍼하지만 말고
너도 돌이켜 스스로 생각해 보렴.
네가 나이가 어린 새끼일 때에
높이 날아 어미에게 등 돌린 것을
그 당시 자애로운 어미 마음을
오늘에야 너는 응당 알았을 테지.
(당唐나라 백거이의 시)

梁上有雙燕, 翩翩雄與雌,
銜泥兩椽間, 一巢生四兒.
四兒日夜長, 索食聲孜孜.
青蟲不易捕, 黃口無飽期.
嘴爪雖欲弊, 心力不知疲,
須臾十來往, 猶恐巢中饑

辛勤三十日，母瘦雛漸肥，
喃喃教言語，一一刷毛衣．
一旦羽翼成，引上庭樹枝，
舉翅不回顧，隨風四散飛．
雌雄空中鳴，聲盡呼不歸，
却入空巢裏，啁啾終夜悲．
燕燕爾勿悲，爾當返自思，
思爾爲雛日，高飛背母時，
當時慈母念，今日爾應知．
（唐 白居易詩）

柳岸女波夕照中，
姐苦芊絲茸茸餓飡，
渴飲隨時逝石上山，
童睡心深。

평화로운 낮잠 [石上山童睡正濃]

버들 언덕 따라 봄 물결에 저녁 노을 비추고,

엷은 안개 속 향기로운 풀은 푸르게 무성하네.

배고프면 먹고 목마르면 마시며 순리대로 살아가니,

바위 위에서 산동山童이 깊은 잠에 빠졌네.

(보명선사普明禪師, 「목우도송牧牛圖頌」)

柳岸春波夕照中, 淡煙芳草綠茸茸,

饑餐渴飮隨時過, 石上山童睡正濃.

(普明禪師, 「牧牛圖頌」)

白雲昭月任西東

白牛半出白雲中人
白雲心牛心同月边
白雲雲影白白雲明
月任西東

자유로운 경지 [白雲明月任西東]

흰 소는 항상 흰 구름 속에 있으니,

사람은 무심하고 소도 또한 그러하네.

달빛이 흰 구름 뚫으니 구름 그림자 희어지고,

흰 구름과 밝은 달은 제맘대로 떠가누나.

(보명선사普明禪師, 「목우도송牧牛圖頌」)

白牛常在白雲中, 人自無心牛亦同,

月透白雲雲影白, 白雲明月任西東

(普明禪師, 「牧牛圖頌」)

露地安眠志自如　不牽鞭策永无拘束
稳坐青松下一曲吹
平乐有餘

一曲吹平乐有餘

평화의 노래 [一曲升平樂有餘]

들판에 편히 자니 마음 절로 놓이고,
채찍도 들 필요 없어 속박이 하나 없네.
산 아이들 푸른 솔 아래 편히 앉아서
한 곡의 태평가에 기쁨이 넘친다네.
(보명선사 普明禪師, 「목우도송 牧牛圖頌」)

露地安眠意自如, 不勞鞭策永無拘,
山童穩坐靑松下, 一曲升平樂有餘.
(普明禪師, 「牧牛圖頌」)

牧童歸去
不頂牛

綠楊陰下古溪邊放
去牧來時自出口著
碧雲芳草地牧童歸
去不頂牛

자연스런 귀로 [牧童歸去不須牽]

푸른 버들 그늘 아래 옛 시냇가에
놓아주나 거두나 본디 그러하네.
노을 지는 푸른 구름 향기로운 들판
목동은 소 안 끌고 저절로 돌아가네.
(보명선사普明禪師,「목우도송牧牛圖頌」)

綠楊陰下古溪邊, 放去收來得自然,
日暮碧雲芳草地, 牧童歸去不須牽.
(普明禪師,「牧牛圖頌」)

牧笛声声送晚霞

牧牛迤逦故道不毛
笛声声送晚霞一抹
一歌尘俗意知吾何
止故居耳

귀로의 피리소리 [羌笛聲聲送晚霞]

소 타고 느릿느릿 집으로 돌아오는데
오랑캐 피리 소리 저녁 놀에 실려오네.
한 곡조 한 가락에 무한한 뜻 담겼으니
알아들을 이 있다면 어찌 말 필요하리.
(보명선사普明禪師,「목우도송牧牛圖頌」)

騎牛迤邐欲還家, 羌笛聲聲送晚霞,
一拍一歌無限意, 知音何必鼓脣牙.
(普明禪師,「牧牛圖頌」)

牛也空苦人也閒

騎牛已倦封禪山牛
也空苦人也閒紅日
三竿猶作曇殺絕空
規草堂閒

노을 속의 귀향 [牛也空兮人也閑]

소 타고 마침내 고향 산에 이르렀는데
소는 간 데 없고 사람은 한가롭도다.
붉은 해 높이 뜨도록 여전히 꿈속이니
채찍과 고삐 초당에 부질없이 버려졌네.
(보명선사 普明禪師, 「목우도송 牧牛圖頌」)

騎牛已得到家山, 牛也空兮人也閑,
紅日三竿猶作夢, 鞭繩空頓草堂間.
(普明禪師,「牧牛圖頌」)

一鹊噪新晴

雨过花添色风
来作作声小窗
坐佩書一鹊噪
新晴

비 갠 후 [一鵲噪新晴]

비 그치니 꽃빛 한층 더 짙어지고

산들바람에 대나무 숲 속살거리네.

내 작은 창가엔 아무 일도 없는데

날이 개자 까치가 울어대었네.

(우우虞愚의 「비온 뒤에 지은 즉흥시[雨後即事]」)

雨過花添色, 風來竹作聲,

小窗無個事, 一鵲噪新晴.

(虞愚, 「雨後即事」)

日長耕作隴間
步晚風前牛背
安眠好春郊草
味鮮

春郊草味鮮

봄 들판의 푸른 꿈 [春郊草味鮮]

긴 낮에 밭갈이를 마치고서는,

저녁 바람 맞으며 한가히 걷네.

소 등에 기대 있는 달콤한 잠결에,

봄풀 향기 신선히 밀려오누나.

(연연당주인緣緣堂主人의 시)

日長耕作罷, 閑步晚風前,

牛背安眠好, 春郊草味鮮.

(緣緣堂主人詩)

春水一夜出千堤菱
葉縱橫荇帶斜公付
光童頃愛惜芙蕖鴛
鴦活有漢

春塘

봄 연못의 지혜 [春塘]

봄물이 하룻밤새 둑과 맞닿았더니,

마름잎 떠다니고 마름줄기 가지런하네.

이 물풀 소중히 여기라 아이들 타일러,

오리, 거위 앞 시내로 몰지 말라 하였네.

(명明나라 서발徐勃, 「전원잡흥田園雜興」)

春流一夜水平堤, 菱葉縱橫荇帶齊,

分付兒童須愛惜, 莫驅鵝鴨浴前溪.

(明 徐勃, 「田園雜興」)

茅屋兩三間草
草敵風雨客來
不入門坐愛千
年樹

明汪中客詩
夏惠書

客來不入門坐愛千年樹

천년의 그늘 [客來不入門, 坐愛千年樹]

초가집 두세 칸을 지어놨으니

대충 비바람이야 가리고 있네.

손님 와서는 문턱 밟지도 않고

천년된 고목 아래 앉아 즐기네.

(명明나라 장승객張承客의 시)

茅屋兩三間, 草草蔽風雨,

客來不入門, 坐愛千年樹.

(明 張承客詩)